Diana Schmid

Engelsfedern bringen Glück

camino.

„Das Glück des Himmels rieselt
von den Flügeln der Engel."

Diana Schmid

Diana Schmid

Engelsfedern
bringen Glück
Die große Challenge
für Alltagsengel

© Verlag Katholisches Bibelwerk GmbH,

Stuttgart, 2021

Alle Rechte vorbehalten.

Für die Texte der Einheitsübersetzung der Heiligen Schrift,

vollständig durchgesehene und überarbeitete Ausgabe

© 2016 Katholische Bibelanstalt GmbH, Stuttgart

Alle Rechte vorbehalten.

Gesamtgestaltung, Layout und Satz:

Friederike Schröder, Leipzig

Hersteller gemäß ProdSG:

Druck und Bindung: Finidr s.r.o., Lípová 1965,

737 01 Český Těšín, Czech Republic

Verlag: Verlag Katholisches Bibelwerk GmbH,

Deckerstraße 39, 70372 Stuttgart

www.bibelwerkverlag.de

ISBN 978-3-96157-165-9

 Inhalt

Widmung

Dieses Buch widme ich jenen Alltagsengeln, die mir begegnet sind, als ich dieses Buch geschrieben habe. Etwa, weil sie es besonders gut mit mir gemeint haben. Oder weil sie mir eine zündende Idee geliefert haben. Ganz gleich wie, diejenigen werden wissen, dass sie gemeint sind. Sie werden sich nämlich in den jeweiligen Passagen im Buch wiederfinden. Natürlich sind keine Rückschlüsse möglich, himmlisches Engels-Ehrenwort!

Gefiederte Worte

Liebe Leserin, lieber Leser,

manchmal überrascht uns jemand mit einer Kleinigkeit und wir geraten total aus dem Häuschen. Weil jemand an uns denkt. Weil genau wir damit gemeint sind. Weil das etwas Besonderes ist. Das geht auch andersrum, indem wir im ganz normalen Alltag andere mit einer kleinen Geste beglücken. So sind wir gewissermaßen als Alltagsengel auf gefiederten Sohlen unterwegs!

Machen wir uns auf zu unserer himmlischen Mission. Werden wir zum Alltagsengel. Das funktioniert schon im Kleinen. Da braucht es oft gar nicht viel. Außer, dass wir es tun. Wir können uns natürlich auch immer weiter steigern. Das ist wie im Sport. Etwas Training, und wir laufen zur Alltagsengel-Höchstform auf. Dieses Buch hält jede Menge Tipps und Trainingsideen dazu bereit. Da heißt es nach Lust und Laune reinblättern und immer wieder neue Inspirationen aufsaugen.

Bei alledem geht es übrigens nicht darum, bei Gott im Himmel Fleißsternchen zu sammeln. Es geht vielmehr darum, dass wir etwas von Gottes Liebe ganz lebenspraktisch im Alltag weiterreichen. Und dass wir das gern machen – eben aus uns heraus. Das nämlich macht richtig Spaß und süchtig, wenn wir erst einmal damit begonnen haben. Das wünsche ich Ihnen, dass Sie als Alltagsengel immer wieder gern andere beglücken und dass auch Sie alle paar Flügelschlag von anderen Alltagsengeln sanft berührt werden.

Himmlische Grüße
Ihre
Diana Schmid

Blick hinter die Kulissen

Wie alles begann –
von anderen Engeln lernen

Himmlische Frühstücksbestellung

Um in dieses neue Buch zu starten, habe ich mir
einige Tage als kreative Auszeit genommen. Denn
ein Ortswechsel bringt einen auch auf neue Gedanken – und genau die brauchte ich. Nun war
ich in Pandemiezeiten unterwegs, die besondere
Umstände erforderten. So galten in meiner Unter-
kunft, so wie überall in jenem besonderen und
herausfordernden Jahr, erweiterte Hygienevor-
kehrungen. Dazu gehörte leider auch, dass man
sich die Frühstücksleckereien nicht wie gewohnt
selbst zusammenstellen durfte. Das ist ein großer
Einschnitt für alle eingefleischten Buffetfans wie
mich. Doch es sollte sich herausstellen, dass das
Buffet zu mir kam. Mir wurden diese himmlischen
Schätze von besonderen Engeln serviert: von
Engeln des Alltags. Man wurde zur Theke gebe-
ten. Klassisches Essensausgabeprinzip. Doch mit
einem schönen Unterschied. Da lagen eben nicht
fertige Zusammenstellungen auf den Tellern. Wie
beim echten Buffet gab es nämlich alles, was das
Frühstücksherz höherschlagen ließ. Nur eben jenseits von Plexiglas- und transparenten Kühlfach-
scheiben. Ich wurde also von einer lieben Dame,
ihres Zeichens Alltagsengel, gefragt, was es denn

für mich sein dürfte. Ich entdeckte Glasschälchen mit Obstsalat. Es gab kleine Käseteller, Rohkost-Sticks, Butter, Marmeladen, unterschiedliche Brot- und Brötchenarten, Heißgetränke, Säfte. Sogar eine eigene Müslitheke. So schnell konnte man gar nicht alles erfassen. Etwas versteckt, nicht sofort sichtbar, stand auch noch ein Behälter mit Rührei. Zum Glück war ich erst der zweite Gast im Frühstücksraum, ich konnte mir also bei meiner Auswahl ein bisschen Zeit lassen und fühlte mich nicht allzu beobachtet. Da also stand ich, zählte auf: Darf ich ein Kürbiskernbrötchen bekommen? Und einen kleinen Käseteller bitte. Schon kam aufs Tablett vor meinen Augen, aber im Sicherheitsabstand, das Brötchen auf einen Teller und direkt gleich die Käseauswahl hinterher. Ist das da hinten im Kühlregal frisches Obst? Dann bitte ein Schälchen. Am liebsten eigentlich zwei. „Zwei?" Hm, ja, lieber gleich zwei Stück davon. Zwei Obstschälchen kamen übereinander gestapelt aufs Tablett. Ob ich noch Butter wolle oder Marmelade? Einmal Butter bitte, ja. Nein, keine Marmelade für mich. Es war mir ziemlich unangenehm, mich derart bedienen zu lassen. Ich musste ja jede Frühstückszutat einzeln benennen. Der Alltagsengel stand mir freundlich gegenüber und bugsierte aufs Tablett, was ich mir in Windeseile überlegte. Ich wollte nur das Nötigste, aber nicht auf Wichtiges verzichten;

sonst müsste ich ja wiederum an die Theke treten und den Engel erneut bemühen. Dann wurde mir abschließend, auch das habe ich bestellt, noch eine Tasse frischer Kaffee eingeschenkt. Wahnsinn. Das Tablett war richtig voll. Der Engel hatte ganze Arbeit geleistet. Ich bin nicht immer gut darin, Dinge anzunehmen. Oft fühle ich mich erst einmal beklommen. Und schon gar nicht bin ich der Typ, der sich bedienen lässt, da fühle ich mich ganz merkwürdig. So auch an jenem Morgen. Und es war ja nicht damit getan, dass man eine einzige Ansage macht, wie in der Kantine: „Hallo, Mahlzeit! Heute bitte Menü 1, mit extra viel Soße." Nein, jede Kleinigkeit, die ich mir normalerweise selbst vom Frühstücksbuffet genommen hätte, durfte ich jetzt auswählen, und alles wurde mir aufs Tablett serviert. Das fängt an bei A wie Aprikosenkonfitüre und hört auf bei Z wie Zucker. Das gab mir ganz schön zu denken. An jenem Morgen bin ich dann noch ein weiteres Mal an die Theke gegangen, habe den Alltagsengel erneut aufgesucht: „Hallo, ich komme Sie jetzt nochmals besuchen." Ich habe nach einem Kaffee und einem weiteren leckeren Körnerbrötchen gefragt. Und schon standen Kaffee und Wunschbrötchen vor mir, auf einem neuen Tablett. Damit ging ich zu meinem Platz zurück und konnte schön weiterfrühstücken. Als ich fertig war, sollte ich auch noch „alles bitte auf dem Tisch stehenlassen", weil der Geschirrwagen noch nicht bereitstand. Da kam ganz schön was zusammen bei mir: Zwei Tabletts, aufeinander gestapelt, damit das nicht so auffällt. Mehrere Glasschälchen in unterschiedlichen Größen samt Deckeln. Also diese ganzen Einzelzutaten fallen einfach ins Gewicht. Dann meine verkrümelten Teller. Benutztes Besteck nebst zerknüllter Serviette. Obendrein zwei leergetrunkene Kaffeetassen mit markanten Kaffeeflecken am Rand. Ich meine, dass es das gewesen ist. Das alles sollte ich jetzt auch noch hinter mir wegräumen lassen. Ich habe mich fürs leckere Frühstück bedankt und bin auf mein Zimmer gegangen. Später, bei einem Spaziergang, fiel es mir wie Schuppen von den Augen: Wir müssen uns nicht komisch fühlen, wenn uns mal jemand bedient oder uns jemand etwas Gutes tut. Wir dürfen das annehmen. Wir dürfen uns von Alltagsengeln gute Dienste erweisen lassen. Doch: Wir dürfen auch etwas geben. Wir dürfen selbst Alltagsengel für andere sein. Und genau hierum sollte es in meinem neuen Buch gehen. Dieses Thema stand natürlich schon vorher fest, bevor es zu dieser himmlischen Frühstückbegebenheit gekommen ist. Irgendwie war ich total happy, dass der Groschen bei mir fiel. Dass das Leben ein Geben und Nehmen ist. Dass wir andere einmal durchs fröhliche Entgegennehmen beispielsweise von Frühstücksgaben beglücken können. Und dass wir andererseits auch andere durchs fröhliche Geben eigener Gaben und Gesten beglücken können.

Ich war angekommen. Mitten in meiner Manuskriptarbeit.

Beim zweiten Frühstück am Folgemorgen übrigens klappte das schon besser, tags darauf noch besser. Wow, man kann sich im Geben und im Nehmen gut entwickeln. Da findet eine Entwicklung statt, wenn man sich darauf einlässt. Das machte Mut und schürte meine Neugierde, mich für meine Leser in dieses Thema zu versenken. Der nächste Aha-Effekt sollte gar nicht so lange auf sich warten lassen, wovon im Übrigen schon die nächste Episode zeugt.

Wärmende Teeweisheit

Eine gute Tasse Tee kann ein guter Schreibbegleiter und Seelenwärmer sein. In meiner Auszeit saß ich in meinem Zimmer am Schreibtisch und träumte von einer Tasse Tee. An Weiterschreiben war nicht mehr zu denken. Flugs machte ich mich auf die Socken, bin in Richtung Ortsmitte gestapft und habe mir in einem kleinen urigen Laden eine wohlschmeckende Teesorte ausgesucht. Nach einem Ortsbummel trat ich mit dieser kleinen Trophäe im Schlepptau schnurstracks den Rückweg an.

Zurück auf meinem Zimmer drapierte ich die Packung vor mich hin und öffnete sie. Es duftete bereits herrlich nach Tee. Ich entnahm einen Beutel und bemerkte, dass es einer von der Sorte ist, die einen Weisheitsspruch mit sich bringen. Früher habe ich die mit Begeisterung gelesen. Heute gebe ich nichts mehr drauf. Ich schaue vielmehr gar nicht mehr hin, weder beim Aufbrühen, noch beim Beutelwegwerfen. Da fliegt das Etikett dann normalerweise immer sofort weg, samt Beutel. Oder der Beutel samt Etikett. Doch irgendwie kam es, dass ich dieses eine Mal – an jenem Abend auf meinem Zimmer – trotzdem darauf geschaut habe. Mein Blick verfing sich im Etikett, die Spruchseite zeigte nach oben. Bevor ich mich noch hätte dagegen entscheiden können, hatte ich den Spruch auch schon gelesen. Und dieser einfache Teespruch war in diesem Moment und in diesem Kontext wie eine kleine Offenbarung für mich:

„Bringe Licht in die Welt
wie ein Leuchtturm."

Na klar, dachte ich. Ein Alltagsengel bringt Licht in die Welt. Durch das, was er ist und durch das, was er tut. Das war jetzt schon der zweite Fingerzeig in Richtung Alltagsengel.

Ein Leuchtturm bringt ziemlich viel Licht mit sich. Das weiß ich ganz genau aus einem Urlaub am Meer. Nachts drehte der Lichtstrahl seine Runden. Da half auch das Zuziehen des Vorhangs nicht viel. Erbarmungslos drehte dieser Lichtstrahl also seine Runden. Man konnte zählen und wusste, wann das grelle Licht wieder das Zimmer aufhellen würde. Das ging die ganze Nacht so. In einer steten Regelmäßigkeit. Einem Discoscheinwerfer gleich. Manche Menschen haben auch eine Straßenlaterne direkt vor ihrem Fenster stehen. Obwohl sie immer noch einige Meter weit entfernt steht, kann sie ein ganzes Zimmer ausleuchten.

Diese Straßenlaternen, Discoleuchtkugeln oder Leuchttürme haben eines gemeinsam: Sie bringen ein ziemlich helles und grelles Licht mit sich. Wenn einen das erfasst, kann man dem nicht entkommen. Man steht im Lichtkegel und somit im Hellen. Der Leuchtturm strahlt uns in einem gewissen Zeitabstand immer wieder an.

Wenn wir das nun auf die Alltagsengel übertragen und auf die Menschen, denen ein Alltagsengel wohlwollend begegnet, ist es so, dass diese Menschen leuchten dürfen. Immer dann, wenn ein Alltagsengel mal kurz bei ihnen landet und sie mit seinem Flügel sanft berührt.

Das heißt, dass wir Alltagsengel so etwas wie Lichtbringer sind. Wir bringen unser Gegenüber zum Leuchten. Je öfter wir jemanden aufsuchen, umso öfter kann dieser Jemand aufleuchten. Das bemerkt man beispielsweise an den Augen, die plötzlich leuchten.

Wenn nun ganz viele Alltagsengel in himmlischer Mission unterwegs sind, wird das viele schöne Licht- und Leuchtpunkte ergeben. So wie in der nächsten Geschichte, die sich ebenso hinter den Kulissen abgespielt hat.

Cappuccino-Glück

An einem weiteren Auszeittag nach dem Mittagessen wollte ich noch nicht direkt zurück aufs Zimmer. Also verweilte ich unten im Gästebereich. Da kam ich mit einer lieben Dame vom Haus ins Gespräch. Und auf einmal gab sie mir eine Tasse Cappuccino aus. Einfach so, aus heiterem Kaffeehimmel. Sie ging in die Kaffeeecke, ließ mir das heiße Getränk in eine große, stattliche Tasse hineinlaufen. Und streckte mir die Tasse entgegen. Ich war ganz gerührt. Sie hatte weiter zu tun. So bedankte ich mich bei ihr und schwelgte im siebten Cappuccino-Himmel. Mit meiner Tasse ging ich ins Freie, dieser Herbsttag hatte mit gutem Wetter aufzuwarten. Ich schaute in den Himmel, dann wieder in meine Tasse. Welch ein kleines, schönes Glück. Immer wieder nippte ich am Kaffee. Schließlich nahm ich die Tasse, ging draußen im Gelände ein wenig umher, setzte mich schließlich mit der Tasse auf ein Bänkchen, schaute umher, schlürfte meinen Kaffee. Ich war einfach glücklich. Dieser Cappuccino begleitete mich bestimmt eine Stunde lang. Dabei war er erstaunlicherweise bis zum Schluss immer noch zumindest mundwarm. Dieses unverhoffte Glück war mir beschieden, weil ein Alltagsengel mir diese Geste erwiesen hatte. Natürlich bin ich am Tag darauf zu der Dame, habe ihr von meinem Cappuccino-Glück berichtet und mich nochmals dafür bedankt.

Klar hätte ich mir auch selbst solch ein Getränk kaufen können. Doch wäre meine Freude daran nicht halb so groß gewesen. Es ist die Geste, die einen überrascht und die das Ganze so wertvoll macht.

Also sah ich auch schon in einer Tasse Kaffee, im Milchschaum, das Glück glitzern. Ich hatte einen Alltagsengel auf frischer Tat ertappt, der sich vor meinen Augen und für mein kleines Glück frisch ans Werk begab und mir eine herrliche Tasse Cappuccino in die Tasse zauberte. Deshalb habe ich für eine Stunde lang geglänzt, geleuchtet, alles ist ganz hell für mich gewesen. Und wenn ich heute daran zurückdenke, flammt es in meinem Herzen innerlich kurz auf. Deshalb weiß ich, dass die Sache mit diesen kleinen Alltagswundern funktioniert und dass sich beides lohnt: kleine Alltagsgaben selbst anzunehmen und andersherum selbst auch solche Alltagsfreuden für andere zu schenken. Dazu will ich mit diesem Buch anstiften.

Wozu das Ganze?

Kapitel 1

Von Fleißsternchen, guten Verwaltern und vom Zurückgeben

Um eines direkt vorwegzunehmen: Wir geben nicht deshalb und werden nicht darum zu Alltagsengeln, um Fleißsternchen im Himmel zu sammeln oder um vor Gott gut dazustehen. Es muss schon von Herzen gemacht werden. Und müssen muss man es sogar auch nicht. Man darf anderen etwas Gutes tun. Mit dem Müssen nun ja, das ist so eine Sache. Es ist vielmehr ein „Sollen". Denn in der folgenden Passage hier im Buch berichte ich gleich noch von Paulus und seiner himmlischen Prophylaxe. Hieraus geht allenfalls ein „Sollen" hervor. Doch darum soll es hier eigentlich nicht gehen. Auf die Herzenshaltung kommt es nämlich an. Wenn wir jemandem etwas Gutes tun, kann das nur ehrlich sein, wenn es aus unserem Innersten kommt. Wenn es uns selbst auch Freude bereitet. Wenn wir es gern tun. Und mal ganz ehrlich – nur dann macht es doch auch richtig Spaß und ergibt überhaupt einen Sinn, für uns und andere, oder?

Dann gibt es da noch etwas, was uns leichter ins Geben bringen kann: Unser Geben ist immer ein Zurückgeben an Gott. Wir können Gott etwas zurückgeben, indem wir es an jemand anderen weitergeben. Indem wir uns selbst, eine Gabe, eine Geste oder eine Sache an andere verschenken. Wir verlieren niemals etwas, wir werden auch niemals leer werden oder eine Schieflage in uns verursachen. Wir geben etwas ab, das wir selbst geschenkt bekommen haben – von unserem Herrn. Gott hat es uns schon in Fülle gegeben. Wir sind der gute Verwalter. Jetzt könnte man sagen: Ach, wir verwalten das ja bloß, es gehört uns gar nicht. Dann kann es schon nicht so wertvoll sein, also mal munter weg damit. Nein. Es ist vielmehr unendlich kostbar, dass Gott uns etwas anvertraut. All unsere Fähigkeiten. Das sind wertvolle Geschenke. Auch unser Hab und Gut gehört uns, weil Gott es gut mit uns meint. Wenn wir erst einmal diese Dankbarkeit in uns spüren, werden wir feststellen, dass wir auch gern etwas abgeben, weitergeben, verschenken. Das ist die Herzenshaltung, aus der man gibt. Sonst gibt man lieber nichts, denn es wäre vergebens. Wer nun mit Freude gibt, der gibt doppelt: Weil er nicht nur den Empfänger glücklich macht, sondern auch noch sich selbst.

Paulus und seine himmlische Prophylaxe

Geben ist seliger als Nehmen. Sagt man. Sagt der Volksmund. Und sagt die Bibel. Genau gesagt die Apostelgeschichte. Paulus sagt das zu den Ältesten in Ephesus, als er dort aufbricht, um nach Jerusalem weiterzureisen. Er erinnert sie an die drei

Jahre, in denen er sie gelehrt hatte. Heute würde man vielleicht durchaus sagen, er hat eine Art Management-Summary gegeben. Er erinnert an seine Lehre, dass sich die Menschen von der Sünde abwenden sollen, dass sie umkehren sollen zu Gott. Schließlich erinnert er sie an Jesu Worte: Es liegt mehr Glück im Geben als im Nehmen. Wenn wir nun aus der Bibel, von Jesus direkt sogar, wissen, dass auf dem Geben ein Segen liegt – warum fällt uns das oft genug so schwer? Vielleicht fehlt uns die Motivation. Bestimmt hilft hier noch ein wichtiges Puzzleteil. Dieses liefert uns wiederum Paulus, bevor er die Sache mit dem seligen Geben ins Feld führt. Da verrät er uns nämlich das Warum. Indem er sagt:

> In allem habe ich euch gezeigt, dass man sich auf diese Weise abmühen und sich der Schwachen annehmen soll, in Erinnerung an die Worte Jesu, des Herrn, der selbst gesagt hat: Geben ist seliger als nehmen.
>
> Apostelgeschichte 20,35

Das ist der Auftrag, dass wir uns um Schwache kümmern. Wir dürfen uns aber ebenso um alle Menschen kümmern. Nicht nur um Schwache. Und wenn wir uns um Menschen kümmern, ihnen mit einem Lächeln oder einer netten Geste entgegenflattern, dann werden sie vielleicht gar nicht erst schwach. Welch himmlische Prophylaxe!

Manchmal ist die Motivation da, aber uns fehlt es an der Gewohnheit oder der Übung. Dem schafft dieses Buch Abhilfe! Denn ein bisschen Training kann Wunder tun. Und hier gibt es ganz viele Möglichkeiten für kleine und große Trainingsein-heiten, die helfen, sich zum himmlischen Geber zu entwickeln.

Alltagsgesten: Mit dem arbeiten, was da ist – irgendwas ist immer da!

Da gibt es so viele Gesten, mit denen wir ein Strahlen in die Welt bringen können. Beispielswei-se schon ganz einfach damit, indem wir jemandem die Tür aufhalten. Wetten, dass wir demjenigen ein Lächeln aufs Gesicht zaubern? Vielleicht re-agiert er zunächst auch etwas verwundert. Das kann gut sein. Solch kleine Gesten sind wir leider oft nicht mehr gewöhnt. Ich habe auch mal so etwas erlebt. Ich war die Geberin, die Empfänge-rin aber reagierte ziemlich irritiert, das trug sich folgendermaßen zu: Eines Nachmittags war ich in der Stadt unterwegs und schaute noch in einem Bekleidungsgeschäft vorbei. Es war relativ groß, mit einem Ober- und Untergeschoss. Ich ging nach unten, schaute hier, prüfte dort. Dort sah ich eine Frau, eine weitere Kundin, die sich ebenso die Ware anschaute. Ich lächelte sie an und sagte: „hallo". Sonst gab es niemanden da unten. Außer dieser Frau und mir. Es war ganz eindeutig, dass ich sie gemeint hatte. Niemand anderen als sie konnte ich mit diesem Gruß bedacht haben. Dann sah ich mir einige Kleidungsstücke an, war ganz in Gedanken, als diese Frau auf mich zukam. Sie sah mich sichtlich bedröppelt an. Und fragte schließlich: „Kennen wir uns?" Es war für sie wohl kaum auszuhalten, dass ich sie gegrüßt hatte und sie nun so gar nicht zuordnen konnte, woher sie mich kannte. Nun, sie konnte mich gar nicht kennen, weil ich sie auch nicht kannte. Deshalb antwortete ich ihr ganz nett: „Nein, wir kennen uns nicht. Ich wollte einfach freundlich sein." Das wiederum verblüffte sie ebenso. Ich fand das echt bemerkenswert, wie leicht man Menschen mit einem Gruß irritieren kann. Eigentlich fand ich es auch ehrlich gesagt traurig, dass man es gar nicht mehr gewohnt ist, sich zu grüßen. Doch ich finde, dass man unbedingt und immer wieder etwas unternehmen und von sich geben sollte. Und sei es nur ein „hallo". Oder man bedient sich einer Geste, indem man eben jemandem die Tür aufhält. Wir können immer mit dem arbeiten, was gerade da ist. Stehen wir an einer Tür, können wir diese öffnen – für uns und andere. Oder den Fahrstuhlknopf betätigen.

„Müssen Sie auch in den Zweiten hochfahren? Ach, in den dritten Stock, Moment, ich drücke für Sie mit drauf." Oder wenn wir draußen jemanden ganz dick eingepackt in dickem Mantel, mit Mütze und Handschuhen sehen. Da können wir so was sagen wie: „Heute ist es kalt, … Sie haben sich aber schön dick eingemummelt …" – damit zeigen wir Empathie. Nicht selten hat sich hierdurch schon ein sympathisches Gespräch oder eine lose Bekanntschaft entwickelt. Wo es passt, könnte man Dinge sagen wie „Sie haben einen schönen Hut auf" oder „Wow, ein toller Nagellack, schaut klasse aus" oder „dieses Notebook ist ja wirklich abgefahren". Wichtig ist, dass es sich bei diesen Alltagsgesten um ehrlich gemeinte Dinge handelt. Wenn wir nicht gut drauf sind und das mit dem Eingemummelt nicht gut rüberbringen könnten, dann lieber sein lassen. Wenn wir Hut, Nagellack oder Notebook gar nicht cool finden, dann auch keine großen Worte darüber verlieren. Es muss ehrlich aus uns herausprudeln. Dann ist es echt. Dann spürt der andere, dass es echt ist. Und nimmt es auf. Also schauen wir, was da ist. Wenn wir (einigermaßen) gut drauf sind, können wir uns locker einer Alltagsgeste bedienen. Sogar dann, wenn wir mal ins Fettnäpfchen getreten sein sollten. Wie ich beispielsweise, vor noch gar nicht so langer Zeit. In einem kleinen Laden stand ich an der Kasse.

Beim Warten war hinter mir eine Frau mit zwei kleinen, ziemlich süßen Hunden. Weil wir uns nicht gegrüßt hatten und ich mir nicht ganz sicher war (ich kannte die Frau nicht), ob die Atmosphäre verstimmt sein könnte, habe ich die Hunde angeguckt und ein paar Geräusche gemacht, wie man sie gegenüber süßen Hunden wohl so macht. Daraufhin sind sie ziemlich aktiv geworden und direkt aufgesprungen. Das wiederum gefiel der Frau nicht. Sollte die Atmosphäre aufgrund falscher Einschätzung bislang gar nicht verstimmt gewesen sein, dann war sie es spätestens jetzt. Ich fasste all meinen Mut zusammen und drehte mich ein weiteres Mal um, sagte: „Bitte entschuldigen Sie, Ihre Hunde waren so süß, dass ich mich eben einfach nicht zurückhalten konnte. Ich wollte da nichts durcheinanderbringen." Durch die Reaktion der Frau merkte ich, dass das Eis gebrochen war. Also dass alles mindestens neutral war oder wurde. Perfekt. Mission beendet. Mit dieser kleinen erlebten Geschichte wollte ich einfach nur zum Besten geben, dass man aus Situationen (die noch ganz frisch sind) für gewöhnlich meist etwas machen kann. Am blödesten ist es immer, wenn das Kopfkino an- und durchläuft. Vorher sollte man lieber die Realität überprüfen, etwa durch eine kleine Geste. Wenn schon eine vermeintlich schiefe Situation gerettet werden kann, wie viel leichter gelingt es doch dann, ganz unverhofft jemandem ein Lächeln zu entlocken, einen Lacher zu provozieren, eine nette Geste zuteilwerden zu lassen?

Indem wir also schauen, was da ist, können wir uns und andere glücklich machen. Aus dem, was da ist, etwas machen. Das ist ohnehin die Lebenskunst schlechthin. Smalltalk ist dafür auch ein gutes Beispiel. Es gibt Leute, denen fällt partout nichts ein, wenn sie in heiterer Runde um einen Bistrotisch versammelt sind. Das kann ich gut verstehen. Doch auch da empfehlen viele Ratgeber, dass man sich auf das Naheliegende stürzt: „Dieser Sekt schmeckt aber lecker. Jetzt geht ja ein Regenguss vom Himmel herunter. Och ist das eine Hitze heute, gut dass wir hier herinnen sind. Sind Sie das erste Mal hier? Also diese Häppchen, die schmecken ausgesprochen gut." Wenn wir uns das als angehende Alltagsengel auch zunutze machen und obendrein noch eins draufsetzen, dann ist das ein guter Auftakt. Wir sind also achtsam, sprechen die Sachen an oder aus, und machen etwas Gutes daraus. Etwa den Aufhänger mit dem Sekt: „Ach, geht es uns heute gut hier bei diesem schönen Empfang. Dieser Sekt schmeckt köstlich. Ich sehe gerade, dass Ihr Glas leer ist. Weil ich jetzt zur Theke rübergehe: Darf ich Ihnen noch ein Glas Sekt mitbringen oder vielleicht ein anderes

Getränk?" Es muss nicht immer etwas Großes sein, im Kleinen geht es los. Oder wenn man bei einem Vortrag in einem Saal Platz genommen hat: „Guten Abend, Sie sind mein Sitznachbar, da wünsche ich uns beiden einen interessanten Abend." Einfach eine nette kleine Geste anbringen. Die sollte natürlich irgendwie authentisch sein, zu einem passen. Wenn man das gar nicht so meint, dann nimmt das Gegenüber einem das auch nicht ab. Also lieber erst gar nicht hölzern, anbiedernd oder komisch werden. Dann lieber den Moment verstreichen lassen – der nächste Augenblick für passende Gesten wird garantiert kommen.

Hier ein paar Leitfragen, die uns helfen können, als Alltagsengel in Erscheinung zu treten:

- Was habe ich für Empfindungen?
- Was finde ich stark?
- Empfinde ich vielleicht einen Mangel, den auch der andere empfinden könnte (zu heiß / zu kalt / hungrig / es zieht / ganz schön laut hier ...), und dem man gemeinsam abhelfen könnte?
- Welche Personen sind um mich herum?
- Wer ist mir sympathisch, mit wem könnte eine gute Wellenlänge da sein?
- Welche Ähnlichkeiten gibt es?

- Was wäre eine nette Geste?
- Gibt es einen kleinen Aufhänger,
  der das Eis brechen kann?

Neben diesen Gesten gibt es dann natürlich auch noch andere Möglichkeiten, wie wir anderen Menschen etwas Gutes tun können. Man kann jemanden auch die Hand reichen, ihn tröstlich oder mitfühlend am Arm berühren oder ihn mal umarmen.

Der „Aus dem Häuschen"-Faktor

Wir kennen das alle: Manchmal geraten wir so richtig aus dem Häuschen. Das kann dann passieren, wenn jemand besonders an uns denkt. Oder wenn wir im richtigen Moment einen passenden Tipp erhalten. Oder wenn uns jemand ein total passendes Geschenk überreicht – da spielt es keine Rolle, wie groß oder klein das ist. Doch was ist es, was uns da so berührt und euphorisiert? Unser Gegenüber meint genau uns damit. Und es hat sich Gedanken darüber gemacht, wie es uns eine Freude bereiten kann. Das ist nur für uns. Wir sind der dezidierte Empfänger für diese Geste, für diesen heißen Tipp, für dieses Geschenk. Wow, das ist echt ziemlich stark! Da darf man schon mal aus dem Häuschen sein. Wann haben wir uns das letzte Mal über solch eine Geste so richtig gefreut? Oder über ein kleines Geschenk? Von einer lieben Glaubensgefährtin habe ich beispielsweise ein kleines, aber ultraoriginelles Geschenk zum Geburtstag erhalten. Sie hat noch einen kleinen Zettel mit drangesteckt, und damit erklärt, wie das Geschenk genau gemeint ist. Dieses Geschenk blickt mich jetzt hier am Schreibtisch von meinem Regal aus an. Jeden Tag. Und ich muss jedes Mal schmunzeln, wenn ich hinschaue. Ein außenstehender Dritter würde sagen: Keine große Sache. Dem Wert nach. Der Sache nach. Doch für mich ist es die größte Sache. Weil sich das jemand nur für mich ausgedacht hat. Weil das jemand mit einer kleinen Story (der Zettel!) so auf mich zugeschnitten hat, dass es einfach so komisch und anrührend zugleich ist. Das passt einfach. Und ich freue mich immer wieder darüber.

So etwas können wir uns auch ausdenken. Wenn jemand beispielsweise immer wieder gern Zitate von sich gibt, könnten wir ihm ein schönes Büchlein schenken, einen kleinen Zettel mit reinlegen: „Freiraum für Deine schönen Gedanken". Oder einen Bleistift: „Du solltest festhalten, was Dir so durch den Kopf geht." Auch im ganz Kleinen funktioniert das: Ist jemand eine Naschkatze, dann bringen wir einfach mal was Süßes mit. Oder wenn jemand morgens vor Uni oder Arbeit nie Zeit zum Frühstücken findet, bringen wir doch mal eine kleine Snack-Tüte mit. Auf die Tüte können wir außen noch etwas Nettes draufschreiben: „Für einen guten Start in diesen Tag."

Wann geraten wir total aus dem Häuschen? Was müsste uns jemand schenken und sagen, auch im Kleinen? Damit könnten wir auch anderen eine Freude machen. Gedanken sammeln. Vorbereiten. Und dann: Auf die Plätze, fertig, aus dem Häuschen!

Müssen wir jetzt nur noch Federn lassen?

Das kann aber auch ganz schön viel „Arbeit" sein, oder nicht? Müssen wir beim Geben etwa zu viele Federn lassen? Biedern wir uns damit nicht ein bisschen an? Wenn solche Gedanken aufkommen, sollten wir sie ernst nehmen, sie würdigen und sortieren. Dazu muss man sie prüfen. Das sagt uns schon die Bibel:

> Prüft alles und behaltet das Gute!
>
> 1. Thessalonicher 5,21

Hilfreich kann es sein, wenn wir nach dem Warum fragen. Warum also kommt uns das mit dem Federnlassen in den Sinn? Vielleicht haben wir schlechte Erfahrungen gemacht? Haben uns immer nur als Gebende erlebt? Aber nichts zurückerhalten? Warum muss man dann noch mehr geben, sich richtig reinhängen, anbiedern? Nachvollziehbar, wenn die Lust am Geben da verloren geht. Nachvollziehbar, wenn man sich ausgenutzt fühlt. Ein Schlüssel kann die Dankbarkeit sein. Und der Auftrag von Gott her. Damit können wir einen Schalter umlegen. Zunächst in unserem Denken – und damit auch im Leben. Eigentlich verändert sich aber zuallererst etwas in unserem Herzen. Es geht also um die Herzenshaltung. Wenn wir einfach gern geben, quasi bedingungslos, dann werden wir auch nicht leer. Ganz im Gegenteil. Unser Gefieder leuchtet dann in den schönsten Farben. Weil wir gar keine Federn lassen müssen. Wenn wir geben, kommt auch stets etwas zurück: als Gefühl der Dankbarkeit oder der Freude, mit unserer Geste jemanden ein bisschen glücklicher gemacht zu haben. Das motiviert uns. Doch der eigentliche und primäre Grund, weshalb wir gebende Engel im Alltag sein wollen, ist die Nächstenliebe. Wir können immer wieder damit durchstarten, uns neu darin probieren. Darum soll es in diesem Buch gehen. Um Freundlichkeit für eine bessere Welt. Das klingt utopisch? Klar! Aber wir alle können unseren Teil dazu beitragen. Wenn wir Teil einer großen Bewegung und sogar einer Challenge werden, haben wir umso mehr Motivation und können das zum Gelingen bringen. Das kann sogar zum Spaß- und Suchtfaktor werden. Schenken wir also Glück im Alltag. Los geht das immer in unserer kleinen Welt, in unserem Mikrokosmos. Denn da können wir etwas bewirken, verändern, ein kleines bisschen Freude verbreiten.

Der Engels-Energie-Check

Ein Engel kann immer dann in himmlischer Mission glänzen, wenn sein Akku vollgeladen ist. Wenn dieser Kraftstofftank nicht voll ist, kommt man womöglich mit halbem Flügelschlag in eine Schieflage. Das darf nicht sein. Deshalb gehen wir immer von uns aus. Was läuft bei uns? Wie geht es uns heute? Geht es uns gut genug, dass wir etwas abgeben, weitergeben, etwas Freude in die Welt tragen können? Wenn nicht viel Kraft da ist, können wir vielleicht dennoch ein Lächeln über die Lippen bringen, um in unserer Alltagsengel-Challenge drinzubleiben. Um uns das zu einer lieben Gewohnheit werden zu lassen. Denn damit fühlen auch wir uns gleich etwas besser, womöglich, hottentlich. Wenn wir aber in einer Krise sind und uns die Kraft fehlt, dann wäre es nicht vernünftig, zwangsweise an der Challenge festzuhalten. Dann sollte man sich lieber ausklinken, Kraft tanken, wieder bei sich selbst ankommen. Wenn wir uns wieder vollständig fühlen, dann ist die Kraft zum Weitergeben da. Hierzu passt, wie ich finde, wunderschön die Geschichte mit der Schale von Bernhard von Clairvaux:

„Wenn du vernünftig bist, erweise dich als Schale und nicht als Kanal, der fast gleichzeitig empfängt und weitergibt, während jene wartet, bis sie gefüllt ist. Auf diese Weise gibt sie das, was bei ihr überfließt, ohne eigenen Schaden weiter.

Lerne auch du, nur aus der Fülle auszugießen, und habe nicht den Wunsch, freigiebiger zu sein als Gott. Die Schale ahmt die Quelle nach. Erst wenn sie mit Wasser gesättigt ist, strömt sie zum Fluss, wird sie zur See. Du tue das Gleiche! Zuerst anfüllen und dann ausgießen. Die gütige und kluge Liebe ist gewohnt überzuströmen, nicht auszuströmen. Ich möchte nicht reich werden, wenn du dabei leer wirst. Wenn du nämlich mit dir selber schlecht umgehst, wem bist du dann gut? Wenn du kannst, hilf mir aus deiner Fülle; wenn nicht, schone dich.“

Bernhard von Clairvaux 1090–1153

Diese Geschichte soll all die Alltagsengel daran erinnern, dass sie keine Maschinen sein müssen. Nein, auch ein Engel muss mal anhalten, sein Gefieder durchpusten, neue Ideen tanken, ein himmlisches Nickerchen machen, um dann wiederum gestärkt weiterfliegen und geben zu können. Erst anfüllen, dann ausgießen. Also Prinzip Gießkanne:

Wenn nichts drin ist, können wir auch nichts ausgießen. Also füllen wir unseren Benzinkanister mit Treibstoff, laden wir unseren Akku mit Strom auf. Dann können wir übersprudeln und bei anderen Menschen Glück und Freude entfachen, den Funken zum Überspringen bewegen.

Nur so kann es funktionieren!

Himmlisches Bodenpersonal

Kapitel 2

Mal kurz durchbuchstabieren

Jedes Wort hat eine eigene Bedeutung. Deshalb wollen wir nun mal den zugegebenermaßen etwas längeren Titel dieses Buches auf die Goldwaage legen und Wort für Wort durchgehen:

* **Engelsfedern** – Wenn jemand ein Engel ist oder als ein Engel agiert, hat er natürlich auch Federn und ist ein gefiederter Jemand.

* **Bringen** – Von A nach B – vom Engel zum Empfänger: „Bringen" ist aktives Tun, es verlangt ein einseitiges Aktivwerden.

* **Glück** – Glück macht glücklich: Es ist ein schwebender Zustand, der uns strahlen und freudig glucksen lässt.

- **Die** – „Die" ist weiblich: Vermutlich passt diese Challenge besonders gut für Frauen, also ran an die himmlische Flugbahn für Freundinnen, Soulsisters, aber auch Boyfriends, Ehemänner und alle, die sich „die Engel" nennen wollen, denn „die" können auch viele Unterschiedliche sein.

- **Große** – „Groß" ist schon überdurchschnittlich und keinesfalls klein, also das meint schon ein ziemlich bemerkenswertes Kaliber, oder? Aber sonst wäre das ja auch nur lauwarm und langweilig, einen Anreiz braucht das Ganze schon!

- **Challenge** – Eine Challenge ist eine Herausforderung: Ehrgeiz wird geweckt, man will etwas anpacken, etwas zum Erfolg führen – für sich und für andere.

- **für** – Für jemanden: Es gibt immer einen Empfänger. Dieser steht entweder von vornherein fest oder er ergibt sich vielleicht auch erst unterwegs – und für den ist unsere Geste dann bestimmt.

- **Alltagsengel** – Ein ganz normaler Mensch wie Du und ich, wie Sie und ich, der durch seinen Alltag geht und besondere, himmlische Dienste verrichtet ... auf gefiederten Sohlen ... und mit einem Lächeln auf den Lippen.

Engelsfedern bringen Glück.
Die Große Challenge für Alltagsengel.

Engel sind zum Fliegen da

In der Bibel tauchen Engel oftmals als Boten auf, die Gott schickt. Beispielsweise sandte Gott den Erzengel Gabriel zu Maria. Er verkündete ihr, dass sie durch Gott einen Sohn empfangen und zur Welt bringen werde. Dass er Jesus heißen und Sohn des Höchsten sein soll – Sohn Gottes (vgl. Lk 1,26-38). Bestimmt kam das völlig unerwartet für Maria, also überhaupt, aber auch die Begegnung mit dem Engel. Da kann man schon mal erschrecken. Das erkennen wir daran, dass dieser Engel Maria beruhigen wollte, wie uns die Bibel sagt: „Fürchte dich nicht, Maria" (Lk 1,30). Blicken wir zu den Frauen, die Jesu Grab leer vorfinden. Sie erschrecken sich ebenso vor dem Engel, der sie da erwartet mit seiner Botschaft (vgl. z.B. Mt 28,1-8). Das Erscheinen des Engels ist ganz unerwartet, richtig überraschend. Diese Frauen, und eingangs auch Maria, hatten nicht damit gerechnet! Engel verkünden oft eine göttliche Botschaft, sie sind Boten und Diener Gottes. Ihre Mission ist klar. Sie führen einen Auftrag aus – in himmlischer Angelegenheit. So schnell wie die Engel in der Bibel erscheinen, so schnell sind sie oft auch wieder weg. Sie machen kein Aufheben um sich, stellen sich nicht in den Mittelpunkt. Oft werden nicht einmal die Namen der Engel genannt, das ist sozusagen nebensächlich.

Wir können uns in gewisser Weise von diesen Engeln inspirieren und ebenso von Gott gebrauchen lassen. Und zwar indem wir ganz praktisch nach der Bibel leben und uns an das Prinzip der Nächstenliebe halten, das Jesus uns aufgetragen hat. Darunter fällt nämlich das Verrichten guter Dienste. Mit diesen liegen oder vielmehr fliegen wir immer richtig. Und wir können das wie die Engel machen: ganz unauffällig. In gewisser Weise etwas Heimlichkeit walten lassen; die Menschen natürlich nicht erschrecken, doch allemal überraschen, verdutzen, angenehm verblüffen – durch unsere Engelsdienste. Diese können offensichtlich oder verborgen geschehen. Auch wir Menschen dürfen engelsgleich unterwegs sein – als Boten Gottes!

Mit eigenen Federn schmücken

Engelsein macht glücklich

Glücksüberbringer im Federgewand

Federleichtes Glück

Federn stehen uns gut

Als Glücksbote durch Wolken tauchen

Federleichte Glücksspuren legen

Auf leisen Sohlen ins Glück

Federglücklich

Federleichtes
Engelsglück

Geflügelte
Gesten

Glück schwebt
wie eine Feder

Federleicht
ins Glück

Gefiedertes
Glück

Glück wie Federn ausschütteln

Schwebend glücklich

Übersprudeln
vor Glück

Sind wir nicht alle ein bisschen barmherzig?

Wenn wir an Barmherzigkeit denken, wird uns womöglich ganz bang ums Herz. Mir zumindest. Weil
ich mich überhaupt nicht barmherzig fühle. Doch
was genau meint „Barmherzigkeit" und warum
komme ich jetzt überhaupt darauf zu sprechen im
Rahmen unserer Challenge? Weil es beim Barm-
herzigsein darum geht, dass man sich ein Herz für
den anderen nimmt, dass man sein Herz öffnet.
Dass man Nächstenliebe walten lässt. Nun schie-
ßen einem vielleicht Bilder in den Kopf von solch
großen Taten wie denen vom barmherzigen Sama-
riter, der seinen Mantel geteilt hat, oder auch von
Mutter Teresa. Solch große Taten könnte ich wohl
eher nicht vollbringen. Doch das soll uns nicht
davon abhalten, in unserem Alltag immer wieder
kleine Dinge zu bewirken. Denn im ganz Kleinen
können wir wirken und verändern – uns und andere. Und genau darum geht es Gott mit seiner Auf-
forderung zu Barmherzigkeit und Nächstenliebe.
Indem wir geben, geben wir weiter – das, was wir
von Gott erhalten durften. In diesem Zusammen-
hang habe ich ein bezeichnendes Gebet entdeckt.
Es heißt „Bleibe bei mir" und stammt von John
Henry Newman, Kardinal und Heiliger. In diesem
Gebet geht es um das Licht, das von Gott kommt.
Wir Menschen dürfen dieses gewissermaßen
reflektieren, weiterreichen, wie das Osterlicht am

Ostermorgen in der Kirche. Nachstehend folgt ein Auszug aus besagtem Gebet:

Mein Gott, mein Erlöser, bleibe bei mir!
Ja, Jesus, bleibe Du bei mir für immer!
Du bist das Licht, das nie verlöscht, die
Flamme, die immer lodert — bleibe, und
vom Glanz dieses Lichtes beschienen, werde
ich selbst Licht, anderen zu leuchten. Aber
dieses Licht stammt ganz von Dir, kein Strahl
von mir. Ich bin nur wie das Glas, durch das
Du den anderen scheinst. Erleuchte sie mit
Deinem Lichte, gleichwie Du mich erleuchten
mögest! Lass mich zu Deinem Ruhm Deine
Wahrheit und Deinen Willen verkünden,
Herr! Nicht durch tönendes Wortgepränge,
sondern durch die Stille Kraft der tätigen
Liebe auf meinem Lebenswege — gleich
Deinen Heiligen, durch meines Herzens auf-
richtige Liebe, die ich Dir schenke!
Amen.

„Bleibe bei mir!" von John Henry Newman,
Kardinal und Heiliger

Lassen wir Gott durch uns wirken. Und indem wir also Gott durch uns scheinen lassen, können wir anderen ein Lächeln aufs Gesicht zaubern. Das Beste kommt erst noch ... und steht im nachfolgenden Kapitel!

Der Engel fällt nicht weit vom Firmament

Das Allerbeste ist: Jeder von uns kann ein Engel sein! Es braucht gar nicht viel dazu. Und es gibt so viele Möglichkeiten, wie wir als Alltagsengel unseren Einsatz finden können. Nämlich so, dass es ideal zu uns passt. Warten wir also nicht auf den einen Tag. Wir können jeden Tag durchstarten. Denn unser Leben besteht aus lauter Tagen, aus alltäglicheren oder besonderen Tagen. Je nachdem, was wir daraus machen. Also machen wir etwas Schönes daraus. Unser Leben findet immer da statt, wo wir sind: all die Tage unseres Lebens – nutzen wir sie, pflücken wir sie, legen wir etwas in sie hinein, damit etwas aus ihnen erwachsen kann. Werden wir zum Alltagsengel für andere. Als himmlisches Bodenpersonal gibt es für uns alle Hände voll zu tun.

Damit das bis hierher Erfahrene nicht bloße Theorie bleibt, wird es im nächsten Kapitel ganz lebenspraktisch. Wir entdecken, dass himmelsgleiche Taten oftmals naheliegende Dinge sind, die sich direkt vor unserer eigenen Tür abspielen können – wenn wir uns ein Herz nehmen, unsere Tür öffnen und nach draußen gehen.
Also einfach mal inspirieren lassen, welche der Anregungen zu einem passen und was man direkt mit Lust umsetzen könnte. Es kann so einfach sein …

Einfach ist es immer dann, wenn wir beginnen, ohne groß zu überlegen. Dann bewegen wir uns in Richtung Flow. Beten wir darum, dass der Heilige Geist uns in Bewegung bringt. Also, auf los geht's los – eine Runde Flügel aufwärmen ist angesagt!

Von Sportlern und Engeln

Kapitel 3

Von Sportlern und Alltagsengeln

Wie ist das so bei Sportlern? Wenn die so richtig
in Gang kommen wollen, legen sie nicht mit voller
Power los. Vorbereitung steht zunächst an erster
Stelle. Gerade bei Challenges. Das ist wie beim
Skiurlaub, da macht man vorher auch ein bisschen
Gymnastik oder Workouts, um sich sukzessive
auf dieses alpine Ereignis vorzubereiten. Oder
beim Aerobic, da macht man sich auch erst mal
warm und dehnt sich. Und im Fitnessstudio
gibt's eine Runde Cardio-Training, bevor es an die
Geräte geht.

Wie ist das so bei Engeln? Die waren früher ja in
durchaus großer Mission unterwegs, Gabriel etwa.
Diese Begebenheiten galt es gut vorzubereiten.
Sodass die gesandten Engel das Richtige sagen,
tun, verkünden konnten. Da durtte es zu keinem
Leistungstief kommen. Sie mussten exakt landen.
Ihren Job verrichten. Und flugs wieder weg sein.
Das Wesen eines Engels eben erfüllen. Sie hatten
von Gott her ihre Eingebungen und Weisungen
erhalten. Wurden in anderer Dimension vorbereitet,
gelenkt, unterwiesen, geführt.

Wie ist das so bei uns, die wir zum Alltagsengel werden wollen? Es erscheint klug, im Kleinen ein paar Flugübungen zu drehen, bevor wir größere Exkursionen anstreben. Damit wir mit jeder Faser unseres Körpers zum Engel werden können. Dass wir unsere Flügel weiter und weiter schwingen lernen und schließlich ausschwärmen, abheben, drauflosfliegen können.

Warum das ganze Vorgeplänkel?

Ein Sportler will sich und vor allem seine Muskeln aufs Training vorbereiten. Er will verschiedene Belastungen vorwegnehmen, damit er überhaupt eine gute Leistung erzielen kann. Gleichzeitig bewahrt ihn dieses Vorgehen auch: Denn mit diesem umschifft er potenzielle Verletzungen, Prellungen, Zerrungen, Stauchungen. Oft bewahrt es auch vor fiesem Muskelkater. Bei einem Aufwärmprogramm soll es darum gehen, dass wir uns etwas in Wallung bringen, dass wir unsere Betriebstemperatur hochkurbeln, uns fürs Tun bereitmachen. Wir stellen uns kopfmäßig und körperlich aufs bevorstehende Training ein. Wir bereiten uns auf spezifische Belastungen vor. Wir trainieren unsere Reaktions-Skills und pushen unsere Beweglichkeit für eine maximale Flügelspann- und Tragweite. Damit wir anschließend eine himmlische Leistung abliefern. Ein Warm-up bringt uns auf den Geschmack und auf Betriebstemperatur. Ein Warm-up sichert uns eine gute Leistung. Wie bei fast allem, macht dann auch noch Übung den Meister. Man muss einfach loslaufen.

Anregungen + Fundus = Taten

Damit uns die Challenge leichter von der Hand gehen kann, gibt es ein paar erlaubte Tricks, die tüchtig weiterhelfen. Diese lauten folgendermaßen: Man lasse sich inspirieren und lege sich außerdem einen kleinen Engels-Fundus an. Daraus ergeben sich die himmlischen Taten schon fast wie von selbst. Hier ganz lebenspraktisch:

- Jede Menge Anregungen und Ideen: Gibt's zuhauf in diesem Buch, also einfach als Ideenpool nutzen!
- Motivation ankurbeln: Dieses Buch hoch und runter lesen, um Trainingsehrgeiz zu wecken und Tatendrang hervorzukitzeln.
- Fundus einrichten

Fundus einrichten? Ja, Fundus einrichten! Und das geht folgendermaßen: Entweder aus Ressourcen, die man ohnehin schon in sich trägt oder die man selbst herstellen kann. Oder aus kleinen Dingen, die man sich über die Zeit – und dann vielleicht immer wieder – zulegt. Da kann man spielerisch ans Engelswerk gehen, experimentieren, richtig toll ausprobieren: Was passt zu mir? Was passt zur Jahreszeit? Was passt zum Umfeld, das mich beim Wohnen, in der Arbeit, an der Uni, in der Gemeinde, beim Einkaufen, beim Spazierengehen, beim Betreiben meiner Hobbys, unterwegs immer wieder mal auf dem Weg ... umgibt? Es gibt immer etwas, das passt. Und passend machen kann man die Dinge zur Not allemal. Ein kleiner Streif- und Beutezug lohnt sich und da kommt man auch schon ein bisschen in Wallung. Auf die Plätze, fertig – und ran an die Gaben:

Gaben, Talente und Fähigkeiten als Ressourcen

Hier heißt es achtsam werden und überlegen: Was ist vorhanden? Was haben wir schon in uns, verborgen wie einen Schatz?
Nachfolgende Bereiche können wir durchleuchten. Bestimmt finden sich auf Anhieb mehrere Gaben und Talente, die wir besitzen und als Alltagsengel unter die Menschen bringen können.

Woher?
- Aus der Wiege mitgenommen
  (z. B. schön singen können)
- Entdeckt, entwickelt
  (z. B. zuhören, beraten können)

- Aus dem Beruf / der Berufung
  (z. B. Zahlen überprüfen, Geschichten
  schreiben, tanzen, schauspielern)
- Erlernt
  (z. B. Hobbybereich, stricken, malen, basteln)

Es gibt so herrlich viele Gaben. Zum Glück besitzt
jede und jeder von uns andere. Deshalb ist das
Leben so aufregend. Eine konkrete Gabe lässt sich
mit nur ganz wenig Training herausschälen, indem
man nach dem „Was" fragt. Was kann jemand gut
oder vielleicht auch besonders gut?

Was?
- Ich kann gut singen, somit auch vorsingen
- Ich kann gut zuhören
- Ich kann gut vorlesen
- Ich kann gut trösten
- Ich kann gut kochen

Die Frage-Formel lautet immer:

Ich kann gut ...

Also, auf los geht's los, lossprudeln und alles festhalten:

• Ich kann gut ...

• Ich kann gut ...

• Ich kann gut ...

Was kann ich gut? Das sollte ich öfters machen. Auch in Alltagsengels-Mission! Ob man nun gut vorlesen, zuhören, Socken stricken oder Kuchen backen kann. „Machen!" – lautet die Devise – und anschließend natürlich unbedingt unter die Leute bringen: Geschichten, Socken, Kuchen ...

Auf unsere Fähigkeiten, Gaben, Talente, auf unser Können kommt es an. Damit machen wir einen Unterschied. Wir können Menschen Gutes tun. Indem wir einfach wir selbst sind. Und als Alltagsengel zu ihnen fliegen. Um ihnen etwas von unserer Gabe zuteilwerden zu lassen.

Selbst hergestellte Gaben

Hier haben wir eine tolle Mischung vorliegen. Wir müssen gar nichts vorsingen, wenn wir das nicht können oder wollen oder wir etwas anderes viel besser beherrschen. Gleichzeitig müssen wir auch nicht extra alles kauten, sondern nur kleine Anteile wie etwa Backpulver, Wolle oder Geschenkband. Das Beste ist, dass wir hier ein Stück von uns mit hineinlegen dürfen in diese selbst hergestellten Gaben. Was das alles sein kann? Der Fantasie sind da keine Grenzen gesetzt ...

- Selbstgestrickte Socken (das Stricken beherrscht man, die Wolle kauft man zu)
- Marmelade kochen (man ist eine märchenhafte Marmeladenköchin, die Früchte holt man aus dem eigenen Garten oder vom Markt, und die paar Ergänzungszutaten und Behältnisse kauft man zu)
- Armbändchen knüpfen und eine Feder dranhängen (das Schmuckdesignen im Do-it-yourself-Style bringt Spaß und hier kann man seine kreative Ader ausleben, das Band und die Feder kauft man einfach, z. B. im Bastelladen)
- Leckeren Kuchen backen (begabten Bäckerinnen geht das gut von der Hand, im Handumdrehen entstehen neue Köstlichkeiten, die Zutaten hat man ohnehin schon daheim oder man kauft Backpulver, Mandelblättchen & Co. zu)

Gekaufte oder gesammelte Gaben

Natürlich kann man Gaben auch kaufen oder sammeln. Oder man kann eine bestehende Sammlung aus gut erhaltenen schönen Gaben auflösen – zu Gunsten anderer.

Sammeln

Sammeln kann man ziemlich vieles. Von Bierdeckeln, über Fingerhüte, Kosmetikproben bis hin zu Einkaufstüten. Nur sollte das Gesammelte und Gejagte einen Sinn ergeben als Gabe, die wir als Alltagsengel überreichen wollen. Hier heißt es Augen auf und los. Natürlich bitte immer nur das pflücken, zupfen, aufheben, was erlaubt ist, womit man keinen anderen schädigt. Und immer in Maßen, damit andere Alltagsengel auf Beutestreifzug auch noch etwas einsammeln können.

Je nach Saison und Aufenthaltsort können wir (in der Natur) etwa Veilchen, Bärlauch, Wildkräuter, Gänseblümchen, Muscheln, Hagebutten, Äpfel, Pilze, Kastanien, Tannenzapfen, Zweige sammeln. Das lässt sich dann wiederum individuell verarbeiten und verschenken. Mit etwas Kreativität und Liebe entstehen hieraus wunderschöne Dinge:

- ein kleiner Veilchenstrauß
- ein Bund Bärlauch mit einer hübschen Schleife drumherum und einem Rezeptkärtchen dran, z. B. für Bärlauchbutter, Bärlauchpesto, Bärlauchsuppe …
- Wildkräuter mischen und in eine kleine Geschenktasche geben
- Gänseblümchenkranz binden

- Muscheln in ein transparentes Teelichtglas geben oder auf eine Schale mit Sand
- Hagebutten in eine hübsche (Bonbon-) Tüte geben
- Äpfel in eine kleine Tragetasche rein, Schleife dran, fertig
- Pilze in ein Flechtkörbchen oder einen kleinen Brotkorb legen
- Kastanien in einen transparenten Becher geben
- Tannenzapfen auf einem kleinen Tablett oder Pappteller drapieren
- Zweige mit einer roten Schleife zusammenbinden

Hierin steckt nicht nur für die Sammler und Jäger unter uns eine diebische Freude, sondern auch unsere Empfänger werden sich riesig freuen, dass sie eine kleine feine Köstlichkeit zum Genießen bekommen oder eine jahreszeitliche Tischdeko. Das macht Laune und da geht einem das Herz auf, als jagend-sammelnder Engel und auch als himmlisch-jauchzender Empfänger einer Gabe.

Rückwärts hamstern

Manchmal haben wir Sachen gehamstert und gebunkert, die wir nicht mehr brauchen oder für die wir keinen Platz mehr haben. Alles hat seine

Zeit. So kann es erleichternd sein, wenn man eine Sammlung irgendwann auflöst, womöglich ein Stück als Erinnerung verwahrt, die restlichen Stücke an liebe Menschen verschenkt. Das ist Chance und Challenge zugleich. Einfach mal eine Runde überlegen: Was haben wir schon so lange gehortet, aber schon längst nicht mehr in Gebrauch? Wovon besitzen wir im Überfluss? Weshalb quillt unsere Wohnung womöglich aus allen Ecken und Enden, was steckt am häufigsten in unseren Regalen? Bücher, Taschen, Klamotten, Accessoires, Essensvorräte, Geschirr, Dekokram, Kosmetikvorräte ... einfach mal reinspüren und sich umsehen ... man kommt meist schon ganz allein darauf. Weshalb nicht diese Dinge einem lieben Menschen zukommen lassen und ihn als Alltagsengel damit überraschen?

Einkaufen

Wenn wir uns komplett „ohne alles" fühlen sollten – was ich zwar nicht glaube, denn jeder von uns hat Talente und Gaben –, kann man immer noch Gaben kaufen. Und zwar nach individueller Budgetsituation. Verständlich ist es natürlich auch, wenn man einfach keine Zeit hat als Berufstätiger, als junge Mama, oder auch als Studentin, um zum Bastelfreak zu werden, und wenn man lieber etwas kauft. Oder wenn man keine Lust hat, auf Sammelstreifzug zu gehen. Oder wenn man erst gar keine Sammlungen aufzuweisen hat oder seine lang gehegten Kollektionen keinesfalls auflösen will. Das ist total nachvollziehbar. Dann geht man einfach shoppen – und zwar in himmlischer Mission. Die Gretchenfrage lautet: Was könnte ein guter Fundus sein, wo hat man Einsatzmöglichkeiten als Alltagsengel, daheim oder unterwegs? Braucht man etwas Fertiges, Handliches, zum Mitnehmen (z. B. eine Minipackung Pralinen oder schöne Postkarten)? Oder will man sich daheim oder am Arbeitsplatz etwas deponieren, das man dann im günstigen Moment zücken kann (z. B. Pappbecher, Instant-Kaffee-Sticks, Servietten, Umrührstäbchen – dies in Kombination mit einer vorhandenen Küche / einem vorhandenen Wasserkocher und Stromanschluss)? Man kann sich eine superschöne kleine Schublade daheim oder im Büro anlegen:

- Schöne Postkarten mit verschiedenen Sprüchen, Versen und Motiven
- Kärtchen mit der Jahreslosung
- Kleine Hefte und Geschenkbücher
- Hübsche Servietten, z. B. passend je nach Saison (mit Schneeflocken, Erdbeeren, Sonnenmotiv, Kastanien ...)
- kleine Papiergeschenktüten

- Pappbecher, Umrührstäbchen,
  peppig-bunte Strohhalme
- Instant-Kaffee-Sticks
- Einzeln kuvertierte und versiegelte
  Teebeutel (Schwarz, Grün, Früchte, Kräu-
  ter, ... damit hat man schon mal die meisten
  Vorlieben praktischerweise abgedeckt)
- Einzeln verpackte Kekse, Müsliriegel,
  kleine Schokoladentafeln
- Kleine Mehrweg-Wasserflaschen
  aus Plastik
- Marktfrisches Obst: Äpfel, Bananen,
  Mandarinen (diese bloß nicht im Fundus
  vergessen und von Zeit zu Zeit einen
  Schubladen-Check machen!)

Wenn wir solch einen kleinen Fundus erst einmal eingerichtet haben, geht alles fast wie von selbst. Und das macht solch einen Spaß! Wir sind einfach immer bereit, um als Alltagsengel agieren zu können. Die Möglichkeiten sind so vielseitig. Da ist für jeden Alltagsengel etwas dabei!

Ob wir eine Gabe oder Ressource nun schon in uns stecken haben und nur diese allein nutzen wollen. Ob wir ein vorhandenes Talent einsetzen wollen, aber noch einige Hilfsmittel hinzukaufen. Oder ob wir ausschließlich auf Einkaufstour gehen. Darauf kommt es gar nicht an. Vielmehr kommt es auf jeden Einzelnen von uns an ... dass er anfängt ... dass er in Bewegung kommt ... dass er sein Warm-up betreibt. Damit geht uns die Challenge nämlich geschmeidig von der Hand. Wir kennen Tipps und Tricks, die uns in Form und in Schwung bringen. Mit denen wir uns als Alltagsengel immer höher schwingen können in Richtung himmlische Glück-seligkeit in der Disziplin himmlischer Taten.

Merke:
Anrgeungen + Fundus = Taten

Warm-up

Kapitel 4

Warmlaufen: Übung macht den Meister

Wir haben nun bereits Tatsachen geschaffen, Anregungen und Fundus als Fundament gelegt. Doch bevor man in einer Sache Meister werden kann, übt man sich im Kleinen. So verhält sich das auch im Alltagsengeltum. Während es beispiels- weise beim Sport gezielter Übungen bedarf, sind wir in unseren Engels-Ambitionen gänzlich frei. Wir können üben, wie es uns beliebt. Wie es uns Laune bringt. Wie es uns gerade in den Kram passt. Wie so oft – wenn alles möglich ist – tun wir uns besonders schwer. Wir brauchen Inspiration. Wollen uns von anderen etwas abgucken. Dann wissen wir, was man so machen kann, und wir ent- wickeln unsere Varianten weiter. Damit dies ge- lingen kann, folgen nun einige Ideen, wie man von jetzt auf gleich auf Betriebstemperatur kommt. Natürlich kann es auch Laune machen, wenn wir eine Runde Kniebeugen, Liegestütze, Seilspringen oder Hüpfen einlegen. Einfach so. Dann sind wir in der Aktion. Diese brauchen wir nur noch zu verlängern. Um eine der hier folgenden Warm-up-Einheiten.

1. Lachengel: Lächle jemandem freundlich zu

Immer gerade dann, wenn uns ein Griesgram über den Weg läuft, würden wir am liebsten weggucken. Oder ebenso finster dreinschauen. Hier geht es jetzt darum, dass wir jemanden freundlich anlächeln, vielleicht sogar noch ein kleines „Hallo" mit anfügen. Dieser Jemand kann jeder sein, ob Griesgram oder Sonnenschein. Nur ist bei einem Griesgram die Wirkung gleichwohl größer. „Das Lächeln, das du aussendest, kehrt zu Dir zurück" – so heißt es in einer Binsenweisheit. Und die Binsen haben recht! Und wenn mal nichts zurückkommen sollte, dann macht das auch nichts. Unsere Mission ist voll erfüllt, so oder so. Wenn wir also mal nichts zum Verschenken dabeihaben, warum dann nicht ein Lächeln verschenken? Ein Lächeln können wir jederzeit hervorkramen. Das kostet uns nichts. Außer vielleicht ein bisschen Überwindung. Aber es zahlt sich aus! Auf die Plätze, fertig, lächeln!

2. Dankesengel: Sag jemandem Danke

Vor Kurzem habe ich in einer Radioandacht gehört, dass ein Pfarrer sagte: „Würden wir für alles Gute in unserem Leben danke sagen, dann hätten wir keine Zeit mehr um zu klagen." Da ist echt was dran! Auch er hat recht. Also legen wir los und bereiten unsere kleinen Dankesreden vor. Keine Angst, wir müssen dafür kein Podest besteigen. Wichtig wäre nur, dass unser Danke konkret und sofort (also relativ zeitnah) erfolgt.
* Bäckereitheke: „Danke neulich für diese Rosinen-

brötchen, also die waren echt köstlich, das war
eine tolle Empfehlung von Ihnen / Danke, dass Sie
mir extra gut gebackene Brötchen in meine Tüte
gepackt haben, die mit der guten Kruste, die kamen bei der ganzen Familie super an."

* Bekannte / Telefonat: „Also dass Du da vor Kurzem
so offen zu mir warst, das war zuerst heftig für
mich, doch dann habe ich gemerkt, dass genau
das wichtig war, weil es mich weiterbringt. Und Du
hast das angestoßen. Dafür bin ich Dir echt dankbar, dass Du mir das aufs Gesicht zugesagt hast
und gewusst hast, wo der Schuh drückt, danke!"

* Servicecenter: „Sie haben genau mein Anliegen
gelöst und haben mir sehr gut weitergeholfen.
Außerdem waren Sie wirklich sympathisch. Einen
schönen Tag und nochmals ein großes Dankeschön!"

3. Morgenengel: Anti-Morgenmuffel-Aktion mit „Brötchen für alle"

Morgens beim Bäcker. Jetzt gibt's mal richtig was
in die Tüte. Verschiedene leckere Brötchen. Dann,
je nach weiterem Tagesverlauf, eine Runde Brötchen spendieren. Wenn wir wieder heimlaufen,
dann daheim den Nachbarn einige Brötchen ausgeben. Im Büro den Kollegen Backwaren anbieten,
an der Uni den Kommilitonen. Einfach dufte, diese
Brötchen, so frisch aus der Tüte. Und erst diese
Geste ...!

4. Backengel: Back einen Kuchen für jemanden

Ran an die Schüssel und rein die Zutaten. Einen kleinen Kuchen bekommt fast jeder zustande, sogar ich. Zwar nicht so gern, von der Sache her, aber zur Not geht das schon, und für den guten Zweck sowieso. Außerdem wollen wir uns challengen. Zum Glück gibt's Rezepte, auch solche, die ganz easy sind und fast schon im Handumdrehen gelingen. Beispielsweise kann man einen kleinen Gugelhupf backen. Eine runde Sache. Den überbringen wir jemandem, dem es momentan nicht so gut geht. Der in Trauer ist. Genau dieser Jemand kann eine Aufheiterung und einen Gugelhupf vertragen. Etwas Süßes. Zuwendung. Einen Alltagsengel mit einem Gugelhupf im Schlepptau eben.

5. Neuzugangs-Engel: Neu gegen alt

Ach ist die schön. Nur diese eine Vase braucht man noch. Dann ist man für alle Eventualitäten von Blumensträußen gerüstet. Blöd nur, dass all die Vasen kaum mehr in den Schrank reingehen. Oder das Schnäppchen neulich, die Jeansjacke in der besonderen Waschung. Dabei hängen bereits fünf blaue Denim-Jacken im Schrank, eine so blau wie die andere. Ganz klar: Es macht Spaß, wenn wir uns von Zeit zu Zeit etwas Neues gönnen. Das tut einfach gut. Wir wollen uns auch mal etwas gönnen. Uns belohnen. Oder trösten. Manchmal müssen es auch diese ganz bestimmten neuen Sneakers sein, da gibt's kein dran Vorbeikommen. Das ist okay. Doch im gleichen Zuge sollten wir etwas verabschieden. Also eine ältere Vase in den Gebrauchtwarenladen geben. Eine Jeansjacke ausmisten – die Top Drei dürfen verbleiben – und natürlich bleibt auch diese neueste Errungenschaft bei uns. Doch eine darf gehen, diese vielleicht zum Secondhandladen oder Kirchenbasar bringen? Auch das Schuhregal sollten wir uns anschauen. Welche Schuhe ziehen wir selten an, was passt gar nicht mehr zu uns, welche Schuhe drücken? Also, raus mit einem Paar. Dann macht das mit den neuen Sneakern gleich umso mehr Freude. Und Freude hat auch noch jemand anderes: Derjenige, der sich über unsere verabschiedeten Vasen, Jeansjacken und Schuhe freut. Eine schöne Win-win-Situation. Wir behalten auch den doppelten Überblick: Zum einen haben wir etwas Gutes getan. Zum anderen können wir unser Regal, unsere Kleiderstange und den Schuhschrank gut über-schauen. Dann bleibt alles ordentlich und in Balance. Wir freuen uns – und ein anderer freut sich auch.

Merke:
Geteilte Sache ergibt doppelte Freude.

6. Putzengel: Eine Runde putzen – Alles neu
... macht der Putzschwamm

Manche ältere Menschen haben Leute, die ihnen allzu kraftzehrende oder halsbrecherische Arbeiten im Haushalt abnehmen. Da kommt beispielsweise alle paar Wochen jemand, um die Fenster zu putzen. Oder eine Putzfrau, die die groben Sachen erledigt: Vorhänge runternehmen, waschen, wieder frisch aufhängen. Teppiche ausklopfen. Dunstabzug reinigen. Abflüsse sauber machen. Diese älteren Menschen freuen sich über kleinere und größere Handreichungen, wenn es um Haushalt und Putzen geht. In der Kirchengemeinde kann man nachfragen, wer Hilfe braucht. Vielleicht könnte auch eine alleinerziehende Mama oder ein alleinerziehender Papa im Wohnblock dann und wann eine helfende Hand gebrauchen. Warum also nicht als Alltagsengel dort eine Runde mit dem Staubsauger durch die Wohnung wirbeln?

7. Vorleseengel: Eine Runde vorlesen

Irgendwie ist es immer wieder schön, wenn einem jemand etwas vorliest. Ob sich das jetzt ganz privat im Familien- oder Freundeskreis abspielt, bei einer öffentlichen Lesung oder inmitten einer Adventsaufführung: Es ist etwas anderes, wenn man einem echten Vorleser lauschen darf. Einem, der in echt und in Farbe vor oder neben einem sitzt.

Der also nicht aus Radio, Fernseher oder Hörbuch unsere Hörgänge erobern will. Einen echten Menschen eben. Jeder kann zum Vorleseengel werden. Man lade sich bei jemandem ein, bringe ein interessantes Buch mit, und dann geht's auch schon los. Das bringt dem Vorleser ebenso Spaß wie demjenigen, der einer Geschichte lauschen darf. Besonders wertvoll ist solch ein Engelsdienst für sehbehinderte und blinde Menschen. Sie suchen oft nach Menschen, die ihnen ab und zu etwas vorlesen: die aufgelaufene Korrespondenz, ein Buchabschnitt, ein Gedicht. Da empfiehlt es sich, dass man einfach fragt, ob man ein Buch mitbringen soll oder ob in der Wohnung Desjenigen Wichtiges darauf wartet, vorgelesen zu werden. Natürlich gibt es auch Vorlesegeräte, doch da muss das Format vom Schriftstück passen, die Schriftqualität und viele weitere Faktoren spielen hier eine Rolle. Und am schönsten ist es doch, wenn eine echte Stimme zu einem spricht statt einer technisch anmutenden Lesestimme. Es gibt den Deutschen Blinden- und Sehbehindertenverband sowie Landesverbände und verschiedene Vereine. Sicherlich kann man sich dort als Vorleseengel melden und sich auf eine Vermittlung freuen, wenn man dann und wann eine Stunde erübrigen kann, um lieben Menschen etwas vorzulesen. Das ist eine sehr wertvolle Geste.

8. Einkaufsengel: Etwas vom Einkaufen mitbringen

Einkaufen kann manchmal lästig sein. Oft steht so viel auf unserer To-do-Liste, dass fast keine Zeit mehr dafür übrigbleibt. Oder wir waren schon einkaufen, aber ohne Einkaufszettel. Oder der Klassiker: Wir hatten ihn dabei, haben aber trotzdem das Wichtigste oder meist eine entscheidende Zutat vergessen. Und dann läuft einem die Zeit davon. Wie gut kann es da sein, wenn einem ein Einkaufsengel über den Weg läuft. Jemand, der direkt fragt, ob wir auch etwas vom Bäcker bräuchten. Genauso gut ist es, wenn man den Nachbarn anspricht, weil man sieht, dass er auf dem Abflug zum Einkaufen ist. Wenn wir das umdrehen, können wir für andere ebenso ein Einkaufsengel sein. Fragen wir im Haus oder im näheren Umfeld vor dem nächsten Einkauf, ob jemand etwas braucht. Besonders interessant kann das für junge Eltern sein, die oftmals nicht wissen, wann sie sich wo noch Zeit herbeizaubern sollen. Oder für ältere Menschen, die zwar etwas im Kühlschrank haben, aber denen die Lust gerade auf ein ganz anderes Abendessen steht. Oft sind das nur wenige Handgriffe mehr. Und den Weg läuft oder fährt man sowieso, ein paar Kartoffeln mehr oder weniger fallen da nicht ins Gewicht. Doch der Mehrwert für den anderen wiegt ein Vielfaches mehr.

9. Spendier-Engel: Beim Bäcker was springen lassen

Wenn man beim Bäcker so in der Schlange steht, kann man jede Menge Leckereien in der Auslage bewundern. Oder man kann auch mal zum Hintermann in der Schlange schielen. Und dann wieder die Früchteplunder, belegten Brötchen, Schokohörnchen, Oliventeilchen und vieles mehr bewundern. Wenn man seine eigene Bestellung dann aufgegeben hat, kann man – heimlich und leise – eine weitere aufgeben: für den Hintermann oder die Hinterfrau. Weil wir ja der Engel an der vorderen Front sind, also an der Bedientheke in erster Reihe. Vor unserem Abflug flüstern wir dann „bitte einen Früchteplunder, der ist für den Herrn hinter mir, aber erst, wenn ich weg bin" oder man kann den Geldwert von einer Tasse Kaffee hinstrecken und sagen „einen Kaffee für meinen Hintermann". Also entweder der Nächste, der sich einen Kaffee ordert. Oder der Nächste, der drankommt, dass der einfach einen Kaffee geschenkt bekommt. Der Nächste ist derjenige so oder so, biblisch betrachtet. Was für ein himmlisch starker Engelsdienst. Flugs raus aus der Bäckerei und sich freuen, dass sich gleich noch jemand anderes freut. Pst, weitersagen und unbedingt nachahmen!

10. Kaffee-Engel: Heißer Kaffee
für treue Boten

Unser Postbote ist uns einfach treu. Zeigen wir uns erkenntlich. Reichen wir ihm einfach mal einen Pappbecher mit heißem Kaffee raus und bedanken wir uns bei ihm für seine guten Dienste. Wetten, dass der Augen machen wird? Das ist keine normale Sache. Deshalb wird das Wirkung zeigen. Eine tolle Wertschätzung! Am besten vorher fragen, damit er nicht noch im Koffein-Koma landet ... falls er zuvor schon bei zehn anderen Alltagsengeln Post abgeladen haben sollte ...

11. Chauffeur-Engel: Fahrglück potenzieren

Warum nicht mal jemanden auf seiner Bahn-fahrkarte mitfahren lassen? Nicht unbedingt noto-rische Schwarzfahrer. Andere Leute schon – ein-fach am Bahnsteig ansprechen oder sie mit dem Ticket retten, wenn die Fahrkartenkontrolle im Herannahen ist. Das ist eine feine Geste, die an-dere rettet. Und wenn man selbst die Möglichkeit dazu und einen Mitfahrer frei hat, warum nicht großzügig sein?

12. Leisetreter-Engel: Leise Sohlen, großes Glück

Manchmal muss man gar nichts tun, um ein Engel zu sein. Man unterlässt etwas. Einfach mal nicht so laut durch die Wohnung trampeln, sondern wie ein Engel durch die Wohnung schweben. Standesgemäß eben – Herkunft verpflichtet! Das Fensterrollo kann man auch leise hoch- und runterlassen. Die Türen kann man sachte ins Schloss gleiten lassen, statt sie laut zuzuknallen. Allein hierdurch kann man für andere zum Engel werden. Pst! Welch herrliche Ruhe – wahrlich engelhaft!

13. Doppel-Beleuchtungs-Engel: Für erhellend andere Perspektiven

Hat der mich da gerade blöd angemacht oder gegrummelt? Trotz Grummeln können wir jemandem eine zweite Chance geben. Einfach was Nettes hinterherschieben. Und schon kann sich die Situation entschärfen. Oder, zu unserem eigenen Erstaunen, positiv anders weiterentwickeln. Als Engel gucken wir hinter die Fassaden der Menschen. Auch wenn die grummeln, dann meinen sie es gar nicht so, meistens zumindest nicht. Und genau das steuern wir als Alltagsengel an.

14. Tierfreund-Engel: Tiere artgerecht füttern

... und in der Tierwelt gibt's keinen Bäcker! Meisen, Finken, Sperlinge ... aber auch Enten und Tauben freuen sich über milde Gaben im Winter. Doch dies bitte und unbedingt mit Verstand. Denn Tiere vertragen kein Brot! Schon mal einen Bäcker in der Tierwelt gesehen? Eben! Bitte vorher informieren, was jedes Tierchen mag. Viele von den Tieren sind übrigens echte Hardcore-Veganer, Tauben beispielsweise. Die lieben und vertragen ausschließlich das volle Korn – und keine ausgeleierten Erzeugnisse aus Weißmehlabfall. Wenn man das beachtet und dem Tier helfen und nicht sich selbst durchs Füttern bespaßen will, dann ist auch dem Tier geholfen. Und genau dann klappt's auch mit dem Tierwohl!

15. Autoengel: Guten-Morgen-Zettel für parkende Autos

Schöne Karten oder Zettel basteln und morgens heimlich an parkende Autos stecken. Diese Karten kann man sehr kreativ gestalten, in unterschiedlichen Farben, mit originellen Motiven, auch in Form einer Parkscheibe. Die Beschriftung kann man einfach halten oder ausgefallener gestalten. Beispiel gefällig? Los geht's: „Guten Morgen, lieber Mitmensch" oder „Ihnen wünsche ich heute einen besonders himmlischen Tag" oder „Glück gehabt, jemand hat an Sie gedacht und wünscht Ihnen einfach mal so einen zauberhaften guten Morgen".

16. Kassenschlangen-Engel: Im Supermarkt jemanden vorlassen

Wenn wir es nicht allzu eilig haben, können wir im Supermarkt in der Kassenschlange ruhig mal jemanden vorlassen: „Bitte, gehen Sie vor, ich habe heute Zeit." So etwas fällt aus der Reihe. Die meisten wollen sich ja vordrängeln und werden eher zurückgepfiffen, wenn sie das wagen. Also wird man staunende bis zuweilen dankbare Blicke ernten, wenn man jemanden vorlassen will. Der andere könnte, Prinzip „Kompliment erzeugt Gegenkompliment", positiv zurückschlagen wollen, womöglich dankbar ablehnen ... Nur eines sollte durch diese Geste nicht entfachen: ein Streit darum, wer nun wen vorlässt.

17. Advents-Engel: Anderen Weihnachtsfreude schenken – ich hab die Fenster schön

In der Advents- und Weihnachtszeit können wir unsere Fenster, die zur Straße zeigen, überhaupt oder auch besonders schön schmücken. Zum Beispiel Sterne ins Fenster kleben oder hängen. Eine Lichterkette anbringen oder einen Lichterbogen ins Fenster stellen. Die Mitmenschen erfreuen sich ganz bestimmt dran, wenn sie draußen daran vor-

beigehen, hinschauen, hochschauen, wenn ihnen
etwas Weihnachtsglanz entgegenleuchtet. Das
verbreitet eine heimelige Stimmung. Wie schön,
wenn wir damit jemandem eine kleine Freude
machen können und damit etwas von unserem
Licht auch nach draußen in die uns umgebende
Welt abgeben.

18. Lob-Engel: Toll beraten worden?
Dann raus mit der Sprache!

Wenn uns jemand richtig gut beraten hat, darf das
nicht undercover bleiben. Nein, das müssen wir
unbedingt kundtun. Sofort raus mit der Sprache.
Sagen wir, was uns imponiert hat. Was die gute
Beratung ausgemacht hat. Dass der andere uns
damit richtig weggefegt hat. Vieles ist viel zu normal oder selbstverständlich geworden. Oft ist es
so, dass man beraten wurde, man daraufhin etwas
gekauft hat, keine Versicherung, etwas lebens-
praktisches, etwa einen neuen Duschvorhang. Man
war sich nicht sicher wegen dieser Übergröße.
Auch wegen dieser Befestigungsösen hatte man
diverse Bedenken. Eine Dame vom Fach hatte für
uns ihre Kataloge und Regalvorräte gewälzt. Wir
haben dieser Dame vertraut, den Duschvorhang
gekauft – und – Bingo, er hat gepasst! Hier lässt
es sich ja nicht aus dem Stand beurteilen, ob das
ein Happy End ergeben würde mit dem Dusch-

vorhang, uns und unserem Befestigungssystem.
Doch wenn wir das probiert und für gut befunden
haben, darf das die beratende Dame wissen, der
wir dieses Happy End zu verdanken haben. Also
schauen wir das nächste Mal bei ihr vorbei, wenn
wir unterwegs oder in der Nähe sind, und bedanken uns bei ihr. „Dank Ihnen passt jetzt alles
wunderbar, das war die goldrichtige Empfehlung,
nochmals ganz herzlichen Dank, das wollte ich
Ihnen jetzt einfach mal kurz mitteilen."

19. Genesungs-Engel: Carepaket schnüren für jemanden, der gerade krank ist

Wer in meiner Umgebung ist gerade erkrankt?
Oder liegt womöglich ein Bekannter im Krankenhaus? Sofort ran an die Tat und ein kleines liebe-
volles Carepaket schnüren. Schöne Geschenktüte
her, etwas Obst rein, dazu vielleicht ein kleines
Notiz- oder ein Seelentröster-Buch, on top eine
Karte mit einem aufheiternden Sinnspruch dazu,
womöglich noch eine einzelne Blume rausgucken
lassen – et voilà, fertig ist das Carepaket. Dieses
überbringen wir mit einem Gute-Genesung-Gruß
samt wärmendem Lächeln.

20. Erntedank-Engel: Gib jemandem was von Deiner Ernte ab

Ganz gleich, ob Kräuter, Kirschen, Karotten, Kartoffeln, Krauseminze oder Kohl ... bestimmt freuen sich Familie, Freunde, Kollegen oder Nachbarn, wenn wir ihnen etwas von unserer stolzen Ernte schenken. Oft ist es so, dass man als Klein- oder Großgärtner von gewissen Ernteschwemmen geradezu heimgesucht wird. Das ganze Umfeld winkt schon ab, kann keine Zucchini mehr sehen. Andere hingegen freuen sich über solch eine erntefrische Zucchini. Und diese anderen suchen wir als Alltagsengel auf. Vielleicht einfach in der Straßenbahn eine Zucchini verschenken oder am Arbeitsplatz oder der Uni fragen, ob jemand schon alles für sein Mittag-/Abendessen beisammen hat. Wir können auch schöne Schälchen mit Kirschen vorbereiten und eine Schleife dranmachen. Das findet auch seine Empfänger.

21. Gastgeber-Engel: Schöne Frühstückstafel für Gäste

Sich ein richtig besonderes Frühstück ausdenken. Mit allen möglichen Leckereien. Das in die Tat umsetzen. Einige liebe Menschen einladen. Frühstück kredenzen. Frischer Kaffee. Köstlicher Tee. Was mag meine Familie, was mögen meine Freunde und Bekannten? Weiß ich das? Sonst frage ich im

Vorfeld nach. Knusprige Brötchen in einer spannenden Auswahl. Marmelade, Käse, Joghurt, Frühstücksei, Rohkostplatte, frisches Obst, Salate, Aufstriche. Da zerläuft einem schon bei der Planung und Vorbereitung das Wasser im Munde. Alles mündet ins große Ziel: gemeinsam glücklich genießen.

22. Gruß-Engel: Eine Runde Karten ausgeben

Man kaufe mindestens fünf wunderschöne Grußkarten. Sodann überlege man: Welche Menschen liegen mir am Herzen? Von wem habe ich länger nichts mehr gehört? Dann heißt es: Schreib mal wieder! An Familie, Freunde oder andere gefiederte Flugbegleiter. Immer schön machen sich auch bunte Kuverts mit einer schmucken Briefmarke versehen. Ich frage beispielsweise immer nach Blumenmarken. Da kann man mit vielen kleinen den Brief verzieren – in Summe kommt man damit auch aufs geforderte Porto, hat aber eine wunderbare Verzierung inklusive und verwendet keine langweilige Standardmarke. So wird der Brief direkt etwas Besonderes! Oder man klebt Aufkleber, Zeitungsausschnitte oder Tapes aufs Kuvert. Das kommt an! Und man hat sich als Alltagsengel in Form gebracht.

Warmgelaufen –
Weiterlaufen zur Meisterschaft!

Die vorgestellten Warm-ups machen Lust und
Laune. Schon beim Lesen. Dann bei der Vorbereitung. Und erst recht bei der Durchführung. Das ist
das Schönste, wenn wir als Alltagsengel eine feine
Geste überbringen, eine gute Tat leisten dürfen.
Wie bei fast allem, macht Übung den Meister. Man
muss einfach loslaufen. Nochmals kurz die Formel
in Erinnerung gerufen:

Anrgeungen + Fundus = Taten

Wer irgendwie oder schief und überstürzt loshech-
tet, wird womöglich Zerrungen oder einen fiesen
Muskelkater riskieren. Kein Wunder, so ohne ein
Warm-up. Dieses soll einen Athleten, also auch uns
als himmlische Athleten, die Alltagsengel in spe,
auf spezifische und disziplinbezogene Belastungen
vorbereiten. Deshalb ist es so wichtig, dass wir uns
aufwärmen. Etwa mit einem der in diesem Kapitel
vorgestellten Warm-ups. Da ist bestimmt für jeden
künftigen Alltagsengel etwas Passendes mit dabei.
Das kann so leicht sein. Einfach jemandem unterwegs mal eben zulächeln. Ein verbales „Dankeschön"
verschenken. Die Türen leise schließen. Einen
heißen Kaffee mit Herz verschenken. Oder ein
Carepaket für einen kranken Mitmenschen schnüren.

Dass noch so viel mehr denk- und machbar ist, dafür will das nächste Kapitel sensibilisieren. Es bietet jede Menge Ideen und Anregungen, mit denen wir in Bewegung bleiben und uns als Alltagsengel weiter ausprobieren können.

Weitere Ideen und Anregungen

Kapitel 5

Der Noch-mehr-Faktor

Hier kommen himmlische Inspirationen, die einen ganz schnell zum Engel für andere werden lassen. Entweder für den Schnellstart, wenn die Flügel zuvor mal einen Durchhänger hatten. Oder als Erweiterung vom Engelswissen. Dieses Kapitel lädt dazu ein, dass man es immer wieder mal durchstöbert. Denn indem man verschiedene Gesten und Varianten ausprobiert und sich Anregungen zunutze macht, bekommt man den Alltagsengel-Dreh ganz gut heraus. Man bekommt ein Gefühl dafür, was einem liegt. Und man entwickelt auch eigene kreative Ideen. Auf los geht's los!

Schnellstart für Engel

Manchmal geht es darum, sofort etwas kleines Himmlisches zu machen. Wem können wir Danke sagen? Wer könnte Trost brauchen? Wem könnte eine kleine Erfrischung guttun? Was spielt sich gerade vorm eigenen Fenster ab? Freut sich der Postbote vielleicht über einen Kaffee?

Gedanken auf himmlischen Kurs polieren

Ein Putztag für unsere Gedanken pustet dann und
wann hinderliche Überzeugungen aus uns heraus.
Diese Gedankenhygiene brauchen wir, um uns
frisch zu himmlischen Höhenflügen aufschwin-
gen zu können. Eine wichtige Voraussetzung für
einen Alltagsengel! Was beschwert mich? Welche
Gedanken sind mir hinderlich? Will ich es jedem
recht machen? Mache ich es mir selbst überhaupt
recht? Bin ich mit mir im Frieden? Gehe ich zu
sehr nach dem, was die anderen sagen? Also, in
den richtigen Dingen besser auf Durchzug schal-
ten, schlechten Ballast abwerfen und dann feder-
leicht und funkelnd ausschwärmen.

Sommer, Sonne, Sprudelwasser

Oftmals sieht man im Sommer draußen Prospekt-
austräger und Zeitungsausträger. Die hieven bei
heftigsten Temperaturen ihre Karren bergauf,
bergab, damit sie uns beliefern können. Mitunter
sieht man draußen vorm Fenster sich abmühende
Leute, die krebsrot im Gesicht angelaufen sind und
von denen man denkt, dass sie gleich umfallen
müssten. Da ist es doch ein Kleines für den Dringe-
bliebenen, wenn man rausgeht und diesen Leuten
eine Flasche Mineralwasser gibt. Und dann geht
man einfach wieder ins Haus zurück. Eine kleine
Geste mit großer Wirkung – für den Durstigen.

Haus und Hof gemeistert

Oftmals halten Hausmeisterdienste für uns alles sauber und die Krux mit der Kehrwoche hat sich für uns erledigt. Auch wenn wir tagsüber in die Arbeit oder sonst wohin ausfliegen, kehren wir doch meist in saubere Hausflure zurück. Klar könnte jetzt einer sagen, dass er schließlich für diese Dienste bezahlen würde. Oder dass das in den Nebenkosten der Miete als extra Position drinsteht. Aber ist es wirklich so selbstverständlich, dass jemand eigens kommt, um unseren Dreck wegzufegen? Wie schön, wenn es dann wenigstens ab und zu drin ist, dass wir danke sagen. Eine kleine Geste walten lassen. Dass wir einen Kaffee hinausreichen oder eine Packung Pralinen. Eine kleine Form der Anerkennung, die zeigt, dass es eben nicht selbstverständlich ist. Wir zeigen damit, dass diese Leistung und Arbeit bemerkt und wertgeschätzt wird. Bestimmt wird sich der Hausmeister freuen, wenn er das nächste Mal zum Anwesen kommt, weil er sich gern an die Aufmerksamkeit erinnert. Eine kleine Geste mit großer Wirkung – für den Meister rund um Haus und Hof.

Tröstender Titel, bezeichnendes Buch

Mir haben schon liebe Menschen aus dem Freundes- und Bekanntenkreis in bestimmten Situationen Bücher geschenkt. Und zwar nicht nur zum

Geburtstag oder den üblichen Anlässen. Nein, ich meine hier tatsächlich bestimmte Situationen. In der Regel waren das vertrackte bis verzweifelte, vorübergehend ausweglos erscheinende Situationen. Zum Glück kamen nun solche Situationen nicht so schrecklich oft vor, noch waren die Situationen, zumindest rückblickend, gar so schrecklich. Doch in jenen Momenten hat sich alles schlimm angefühlt. Hier tut es gut, wenn man ein passendes Buch aus der Nähe geschenkt oder aus der Ferne geschickt bekommt. Einen tröstenden Titel. Das kann ungemein Trost schenken und später dann auch Auftrieb verleihen. Als Beschenkte habe ich das schon selbst erfahren, aber auch als Schenkende: Miterleben zu dürfen, wie die beschenkte Person sich freut, ist solch ein besonderer und wertvoller Moment für den Schenkenden! Und genau das ist der Engelsdienst, den man anderen Menschen erweisen kann.

Aussprechen, was ist

Oftmals nehmen wir Menschen Dinge, die gut laufen, als selbstverständlich hin. Doch sind sie das? In diesem einen Restaurant hat es immer so gut geschmeckt – bis zum Pächterwechsel. Schade, dass man den Pächtern zuvor kaum ein Lob ausgesprochen hatte. Dann und wann haben wir eine Konditorei aufgesucht und wurden so nett bedient.

Neuerdings hat das Personal gewechselt. Schade, dass wir der Dame zuvor nicht mal für ihr Lächeln gedankt hatten. Das lässt sich so rasch ändern. Zwar nicht der Pächter- oder Personalwechsel. Doch solange alles vertraut und gut ist, dürfen wir das ruhig mal ansprechen. „Mir schmeckt es hier bei Ihnen immer ganz ausgezeichnet; doch heute war das Essen besonders gut." Oder auch: „Also Sie überreichen mir meine Mozarttorte jedes Mal mit so einem Lächeln, dass ich mich gleich doppelt freue."

Coole Komplimente und liebgemeintes Lob

Eine schöne neue Frisur, ein toller Nagellack, jemand trägt eine coole Jeans oder das Stück Torte schmeckt heute besonders gut? Dann raus mit der Sprache. Ehrlich gemeinte Komplimente kommen an und beflügeln – uns und andere! Die gute Nachricht vorneweg: Komplimente machen geht ganz leicht. Je mehr man sich darin übt, umso achtsamer wird man, umso einfacher wird es, bemerkenswerte Dinge hervorzuheben. Nur echt sollte das sein, man sollte aufrichtig sein, nur das äußern, was man wirklich so empfindet. Keine Lobhudelei. Kein falsches Bauchpinseln. Nein, es geht um etwas, das wir wirklich als besonders oder als schön wahrnehmen. Das geht zusammengefasst so: Augen auf. Schönes, Komisches, Außergewöhnliches fokussieren.

Die fokussierte Person anlächeln, ansprechen – und ihr sagen, was ist. Also die Sache beim Namen nennen. Das mag womöglich groß, nicht machbar klingen. Nein, es ist klein im Bemerken und Tun, aber groß in der Wirkung. Hier ein paar Beispiele, ganz easy, einfach inspirieren lassen, und dann auf individuelle Art und Weise nachahmen:

An der Kasse: „Sie haben einen tollen Nagellack – der schaut wirklich klasse bei Ihnen aus." Eine nette Dame, die mich mal im Drogeriemarkt abkassiert hatte, das liegt jetzt schon einige Jahre zurück ... nicht, dass ich in der Drogerie gewesen bin, aber dieses Ereignis ... jedenfalls habe ich der Dame dieses Kompliment gemacht. Sie war sichtlich angetan, angenehm gerührt. Das war echt schön anzusehen. Sie hat sofort „zurückgeschossen", mir gesagt, dass ich einen schönen Ring tragen würde.

Nachbarin im Haustlur: „Du warst beim Friseur, oder? Also die neue Frisur, die steht Dir richtig gut." Vielleicht strahlt sie heute auch bis über beide Ohren oder sie hat ihren Wohnungseingang jahreszeitlich neu dekoriert. Das sind alles Anlässe, in die man einhaken kann. Wenn man das so empfindet und wenn man das will – eine klasse Möglichkeit!

Oder die Kollegin im Büro: „Ist das Kleid neu? Sie schauen darin bezaubernd aus, Sie sollten öfters zu dieser Farbe greifen, die lässt Sie so schön leuchten."

Der Herr an der Tankstelle: „Sie gucken mir jedes Mal schon so freundlich entgegen, dass ich glatt meinen Unmut über die hohen Preise an der Zapfsäule vergesse. Heute wünsche ich Ihnen einen besonders gelingenden Tag."

Beim Arzt: „Sie haben sich letztes Mal richtig viel Zeit für mich genommen. Da habe ich mich verstanden gefühlt. Stellen Sie sich vor, mir geht es seitdem um einiges besser, dafür wollte ich mich jetzt herzlich bedanken."

Geradegerückt:

Die Sache mit einem Kompliment sollte nicht in einen Wettstreit ausarten. Man sollte sich nicht gegenseitig übertreffen wollen. Und man sollte nichts erfinden. Immer schön bei der Wahrheit und beim ehrlichen Empfinden bleiben. Bekommt man selbst ein Kompliment, muss man das nicht Bumerangartig abwehren oder abschwächen. Nach Erhalt eines Kompliments somit bitte nicht den Klassiker bringen:

- „Ach, diesen neuen Pullover habe ich im Ausverkauf gefunden ..."

- „Naja, ich habe gar nicht abgenommen, es ist dieser tolle Schnitt vom Kleid, der mich so schlank wirken lässt."

- „Meine Frisur schaut toll aus? Eigentlich bin ich
damit gar nicht zufrieden, weil hier [zupf, zupf] …
und überhaupt [seufz] …"

Von anderen Engeln abgeschaut

Wenn wir unsere Antennen im Alltag ausfahren,
bekommen wir mit, wie unsere Mitmenschen agieren. Wir erfahren, was Mit-Engel an Alltagsdiens-
ten anstellen. Da sind richtig tolle Sachen dabei.
Von einigen besonders schönen soll jetzt nachstehend berichtet werden.

Wundertüte an frequentiertem Ort abstellen

Eines Tages war ich mit einer lieben Freundin und
Glaubensgefährtin verabredet. Wir trafen uns am
Bahnhof, weil wir von dort aus weiterreisen wollten.
Von Weitem schon sah ich die Freundin herannahen. Sie hatte neben ihrer Handtasche noch eine
weitere Tasche – eine Tragetasche – dabei. Die
sah ziemlich hübsch und nach einem Geschenk
aus, mit einer schönen Schleife und einem kleinen
Zettel oben an den Griffen versehen. Ich dachte
schon, dass die Tüte für mich ist. Doch ich habe
sie nicht sofort erhalten. Auch nicht später. Denn
die Geschichte ging weiter beziehungsweise begann, indem wir weitergingen, durch die Bahn-
hofsunterführung hindurch. An einer bestimmten
Stelle hielten wir an, dort wollte meine Begleitung

die Tasche abstellen. Weil sie dort immer wieder so eine Geschenktasche abstellen würde. Sie
schaute umher. Unser beider Blick fiel zu einer
jüngeren Frau, die vor uns auf dem Boden saß. Sie
aß ein Schnellgericht aus einem Styroporbehälter
und sah weder richtig gesund, noch glücklich aus.
Meine Freundin machte sie auf die Tüte aufmerk-
sam. Zählte ihr einen Teil des Inhalts auf. Die Frau
schien sofort überzeugt zu sein. Sie nahm die Tüte
an. In ihren Augen flackerte so etwas wie Freude auf.
Wir gingen weiter. Ich erfuhr dann, dass sich in
der Tüte ein halber Blumenkohl befand, dazu noch
einige Tomaten, die ein paar Tage alt, aber immer
noch gut waren. Alles in bester Bioqualität. Und ich
hörte, dass meine Begleiterin, die allein lebt, das
immer wieder so machen würde: Wer isst schon
gern drei Tage nacheinander an einem Blumenkohl oder an einem ähnlichen Brummer? Und wenn
man zu viele Tomaten zu Hause angehäuft hat,
warum nicht rechtzeitig welche abgeben? Übrigens hat auch die halbe übrige Pizza aus einem
italienischen Restaurant ihren Weg in die Tüte
gefunden. Die Frau im Bahnhof muss sich richtig
gefreut haben!

Weil mich das so bewegt hatte, wollte ich irgendwie wissen, was da auf dem Zettel stand. Deshalb
habe ich im Nachhinein gefragt. Der kleine Zet-

tel, der an der Tasche hing, war folgendermaßen beschriftet (so kann das eine jede und ein jeder direkt richtig einfädeln):

Datum, Uhrzeit sowie der Hinweis: „Alles noch essbar / frisch aus dem Kühlschrank"

Diese Tasche kann man entweder abstellen (so, dass sie auch entdeckt wird) oder man spricht aktiv eine Person an, von der man meint, dass sie sich darüber freut oder dass sie das besonders gut gebrauchen könnte. Auch Obdachlose können sich da besonders drüber freuen, einfach frei heraus ansprechen:

„Wenn Sie mögen, das sind noch lauter frische Lebensmittel von mir, aber ich bin alleinlebend, ich kann keinen ganzen Blumenkohl verbrauchen. Ich habe selbst nicht so viel zum Leben. Doch ich gebe Ihnen das gern ab."

Das waren in etwa die Worte, die der Wundertüten-übergabe vorausgegangen waren.

Also, ruhig auch mal selbst mit Herz und Fantasie ans Eintüten machen.

Handwerker-Schmaus

Von einer anderen Freundin hörte ich wiederholt, dass sie Handwerker bei sich hatte. Dies fast schon ziemlich regelmäßig, weil das ein Umbau des

Hauses einfach in immer wieder anderen Etappen erforderlich machte. Der Schilderung nach ist sie an richtig gute Handwerker geraten. Doch kein Wunder, sie hat sich ihre Leute auch gut ausgewählt, keine Frage. Und so kam es, dass die Fachleute akkurat und tüchtig bei ihr vor Ort gearbeitet hatten. Als kleine Aufmerksamkeit hat die Freundin den Handwerkern ein ganz besonderes Mittagessen bereitet. An einer schönen Tafel mit besonderem Essen, inklusive leckerem Dessert. Da waren die Handwerker richtig baff, das hätten sie wohl nicht alle Tage erlebt. Hier blitzt die Wertschätzung für die wertvollen Handwerker durch, indem sie lecker und in ungewohnter Weise verköstigt werden.

Von vorübergehend verbummelten Fahrkarten
Kürzlich erzählte mir jemand, der regelmäßig mit der Bahn fährt, dass er jemandem aus der Patsche geholfen hätte. In einem Abteil sei ein Mann gesessen, der all seine Taschen verzweifelt durchsucht hätte, als der Schaffner sich für die Fahrkartenkontrolle näherte. Kurzerhand hat er daraufhin den Mann mit auf sein Ticket gesetzt, das zu einer Mitnahme weiterer Personen berechtigt. Hierbei hat er sogar ganz vergessen, dass er ja noch sein Fahrrad mit im Schlepptau hatte und dass streng genommen seine Fahrkarte somit überzogen war.

Doch es ging gut, zumal er sich noch verbal dafür eingesetzt hatte, dass das dieses Mal aufgrund vorangegangener Streiks der Bahn so in Ordnung gehen müsste – das Rad hätte er nur dabeigehabt, um auf Nummer sicher zu gehen – wegen des Streiks. Somit hatte er den Mitfahrer gerettet. Nun muss man noch wissen, dass der erzählende Jemand niemanden decken würde, der einfach ganz dreist schwarzfährt. Das weiß er zu differenzieren und in der geschilderten Situation hat es sich offenbar um einen Mitfahrenden gehandelt, der einfach sein Ticket nicht auf Anhieb finden konnte. Dieser plötzlich zum Inhaber einer gültigen Mitfahrkarte erkorene Passagier war bestimmt angetan von solch einer großzügigen Geste und dass jemand sogar zu eigenen Ungunsten sich ins Zeug legte zu Gunsten eines anderen. Das ist echt groß!

Engel auf leisen Sohlen

Manchmal geht es im Leben darum, Dinge nicht aktiv zu tun, sondern diese zu unterlassen. So auch bei Alltagsengelsdiensten. Was man sich darunter vorstellen kann, reicht von A wie Abreißtücher smart weiterverwenden bis Z wie Zuknallen von allem Möglichen vermeiden. Im Folgenden gibt's einige Anregungen dazu.

Auch die leisen Dinge zählen – die, die niemand merkt, wenn sie nicht da sind, weil die Kunst für Alltagsengel ja genau darin besteht, sie wegzulassen.

Man muss morgens nicht mit maximaler Lautstärke seine Rollos hochziehen. Man muss nicht über Böden trampeln, wenn man darauf auch ganz normal gehen kann. Als Alltagsengel schwebt man gewissermaßen über den Boden. Weil man eben an sich und an den anderen denkt.

Boden freihalten

Wenn wir ein Stück Papier im Hausflur, auf dem Firmenparkplatz oder in der Aula liegen sehen: Nehmen wir uns ein Herz, heben wir es auf, entsorgen es in den dafür vorgesehenen Abfallbehälter. Damit wird auch unsere Umgebung ein kleines bisschen schöner. Schließlich ist uns das Papier ins Auge gestochen. Auf solche Weise haben wir auch eine gute Tat unternommen. Klar, wenn jeder vor seiner eigenen Türe kehren würde, dann wäre es überall sauber. Doch manchmal kommen die Leute wohl nicht mehr so ganz hinterher. Oder ihr Müll verfolgt sie bis in den Hausflur, auf den Firmenparkplatz, in die Aula. Nehmen wir das mit Humor, schmunzeln in uns hinein, und heben dann und wann etwas von dem fremden Papierkram auf. So können wir als Engel auf leisen Sohlen agieren.

Von leisen Mülleimerdeckeln

Vielleicht sollte man eine Kampagne lostreten, dass man Mülleimerdeckel nicht so laut zuknallen muss, dass die ganze Nachbarschaft noch den Widerhall hört. Sondern vielmehr, dass man diese auch leise zumachen kann. Dies zu jeder erdenklichen Tages- und Nachtzeit. Das ist schlichtweg genial, denn sonst klappert es ja die ganze Zeit bei jemandem vorm Fenster, früh morgens, spät abends. Vielleicht schläft jenseits des Fensters morgens jemand, der frisch aus der Nachtschicht ins Bett gefallen ist. Oder nachmittags ein kleines Kind. Abends ist womöglich jemand früher ins Bett gegangen, weil er sich nicht wohlfühlt oder Migräne hat. Wie schön ist es da, wenn man als Alltagsengel mit gutem Beispiel vorangehen und die Mülltonnen ab sofort sachte schließen kann.

Türen geschmeidig schließen

Es gibt leider Leute, die müssen alles, was sie tun, sehr laut verrichten. Dies oft zum Leidwesen ihrer Mitmenschen. Da werden Türen und Schränke einfach zugeknallt, wumm! Das hat gesessen. Bei diesen Zeitgenossen ist das der normale Geräuschpegel. Das kann einen schon ganz schön nerven, wenn sich so etwas dauernd zuträgt: neben, über oder unter einem. Zum Glück haben wir nicht die Ambition zum Poltergeist, sondern zum Alltagsengel.

Gerade, wenn es solche Geister in der Umgebung gibt, sollten Alltagsengel unbedingt mit bestem Vorbild vorangehen. Also die Haustür nicht zufallen lassen, sondern die Klinke in der Hand behalten, bis die Tür zu ist. Eben nicht ewig laut mit Absatz-schuhen durchs Treppenhaus klackern. Und die eigene Wohnungstür kann man auch elegant schließen, indem man dabei den Schlüssel ins Schloss steckt, ihn dreht und die Tür leise zumacht, anstatt sie zufallen zu lassen.

Hupen und Motorlaufenlassen richtig verstehen

Also neuerdings scheinen so manche Menschen die Autohupe mit einer Klingel zu verwechseln. Da wird im Auto bei laufendem Motor gewartet und mehrfach gehupt, dass die restliche Familie nur schnell aus dem Haus kommt. Dass das auch andere hören, stört wohl eher die anderen. Oder ein Autofahrer will jemanden von zu Hause abholen. Früher wäre man hingefahren. Hätte sich einen Parkplatz gesucht. Wäre zum Haus gegangen und hätte: geklingelt. Heute fährt man bis vors Haus hin, blockiert mitunter die ganze Zufahrt, man lässt den Motor weiterlaufen und: man hupt ein-fach, am besten mehrfach, damit der Freund innen drinnen einen auch hört, dass man schon da ist. Mitunter passiert auch Folgendes: In einem Mehr-familienhaus gibt es eine Tiefgarage mit der

Zufahrt direkt unter den Wohnungen. Fast schon regelmäßig fährt nun eine bestimmte junge Frau von der Arbeit zurück nach Hause. Vor der Tiefgarageneinfahrt bleibt sie mit ihrem Auto stehen, sie lässt den Motor schön weiterlaufen, damit sie es innen drin wahlweise schön kühl im Sommer bzw. behaglich warm im Winter hat und dass – vor allen Dingen – ihre Freisprecheinrichtung funktioniert. Denn von dieser macht sie eifrig Gebrauch. Anstatt zu sagen: „Du, ich bin jetzt mal kurz weg, jetzt reißt gleich die Verbindung ab, ich fahre rasch in die Tiefgarage. Ich rufe zurück, sobald ich in meiner Wohnung angekommen bin." Nein, da wird fast schon telefoniert, bis der Arzt – oder (im besten Fall) ein weiteres Auto kommt, das in die Tiefgarage hineinfahren will. Der laufende Motor stört verständlicherweise die Leute, die oben im Haus wohnen, das ist doch klar! Manche Leute verstehen das nicht oder sie sind einfach zu selbstbezogen. Oder sie merken es nicht. Oder es ist ihnen gleichgültig. Da ist es schön, wenn viele andere Menschen einen echten Unterschied machen. Wieso muss man vor der Tiefgarage bei laufendem Motor mindestens dreißig Minuten telefonieren, das fast jeden Abend? Warum die Hupe nutzen, wenn man doch kurz aussteigen und zur Haustürklingel gehen kann? Damit beweist man Respekt vor den Menschen, die dort wohnen. Und ans Ziel kommt man auf diese Weise genauso. Nur, dass dann alle zufrieden sind, nicht nur der Klingler und der, bei dem es klingelt.

Das, was einen an anderen stört, kann man in bester Engelsmanier bei sich prüfen und optimieren. Als Vorkehrung, damit man selbst nicht andere stört.

Öffentliche Toiletten nett hinterlassen

Auf einer öffentlichen Damentoilette habe ich im Vorraum mal miterlebt, wie eine Frau nach dem Händewaschen das Papiertuch, das sie ohnehin schon in der Hand hatte, weiterverwendet hat. Sie hat damit den Bereich außen rund ums Waschbecken einmal nachgewischt. Sie sagte so was wie: „So ist alles wieder schön, auch für den Nächsten". Ich fand das genial. Oft habe ich mir das seither auch zu eigen gemacht. Es lässt sich einfach nicht vermeiden, dass beim Händewaschen Wasser rings herum spritzt. Und so kann man das Waschbecken auch für den Nächsten einladend hinterlassen. Eine echt tolle Sache. Denn das Papiertuch vom Händeabtrocknen hält man ja ohnehin in der Hand. Eine Handbewegung mehr macht einen da schon zum Alltagsengel.

Rabatte ins Restaurant tragen

Eine leise Tat kann auch darin bestehen, dass man z. B. im Kaufhausrestaurant auf dem Tisch Gutscheine und Coupons liegen lässt, die man nicht benötigt. Man braucht eben nicht immer Hosen, auch wenn gerade Hosenwochen dran sind. Oder neue Strümpfe, daran rütteln auch die 20 Prozent Rabatt nichts. Derlei Coupons (wie sie neuerdings ja nach dem Kassenzettel noch extra aus der Kasse herauskommen oder auf dem Kassenzettel als Abschnitt noch mit drauf sind) lasse ich schon gern mal auf Tischen oder markanten Stellen in der Öffentlichkeit liegen. Nicht, weil ich keinen Respekt vorm Personal hätte, das die Papierdinger dann wegräumen muss. Sondern weil ich denke, da freut sich vielleicht jemand. Irgendwer hat sicherlich Erneuerungsbedarf in Sachen Hosen oder Strümpfe und freut sich an einem Rabattschein. Eine weitere neuzeitliche Marotte sind diese Pröbchen, die zumeist in Frauenzeitschriften enthalten sind. An sich erwirbt man ja streng genommen Pröbchen mit etwas Lektüre drumherum gebunden. Ich reiße die als erstes immer heraus bzw. versuche ich, diese vorsichtig aus meiner schönen neuen Zeitschrift herauszutrennen. Diese kleinen Pröbchen und Sachets mit Parfüm, Creme & Co. drapiere ich oft nett auf einem Restauranttisch oder an der Supermarktpackstation und lasse sie dort liegen. Jemand anderes freut sich vielleicht darüber.

Es kann auch sein, dass man an der Kasse steht, vielleicht im Drogeriemarkt oder im Schnellrestaurant. Auch hier gibt es immer wieder solche Ermäßigungs-Coupons. Wenn nun der Vordermann einen vollen Einkaufswagen hat oder dabei ist, eine riesige Bestellung aufzugeben, kann man dezent einen Coupon hinstrecken, so man denn einen übrig hat und dem anderen eine Freude machen will. Hier können wenige Prozent viel bewirken, wenn das Einkaufsvolumen entsprechend ist. Doch viel gewichtiger wirkt noch die Geste, die wir damit jemanden zuteilwerden lassen.

Ein Alltagsengel kann jeder von uns sein. Einfach ausprobieren und Gefallen daran finden. Es macht so viel Spaß, anderen einen guten Engelsdienst zu erweisen. Damit bindet man sich keinen Bären auf. Ganz im Gegenteil. Man wird richtiggehend selig damit.

Dranbleiben und weiter durchstarten

Wenn wir uns erst mal aufgewärmt haben, wollen wir gar nicht wieder auskühlen. Sondern am Ball bleiben. Wir machen was daraus und nutzen die Energie aus den Anregungen und Ideen, um uns weiter zu mobilisieren. Motivation ist da wichtig und super, doch übertriebenen Ehrgeiz sollten wir nicht sofort oder zu stark walten lassen. Denn wie im Sporttraining auch, geht es erst einmal um Wiederholungen. Später legt man dann mehr Gewicht auf. Durch unsere geniale Challenge werden wir uns die himmlischen „Moves" in Fleisch und Blut grooven und später werden die auch bis in jede Engelsfeder unseres Alltagsengel-Gewandes sickern. Bis es so weit ist, lautet die Devise: dranbleiben, dranbleiben, dranbleiben! Wir bleiben so lange an der Challenge dran, bis wir das verinnerlicht haben. Bis wir uns gar keinen Kopf mehr um eine Challenge machen müssen. Weil wir dann schon zum Engel im Alltag, zum Alltagsengel, geworden sind. Einen ganz wichtigen Schritt in diese himmlische Destination haben wir bis hierhin schon unternommen! Im nächsten Kapitel geht's jetzt deshalb weiter mit dem Trainingsplan.

Trainingsplan fürs Engelsgefieder

Kapitel 6

Vom Unwort zur himmlischen Parole

Mit Begriffen wie Trainingsplan und Finisher mag das schon fies klingen. Zumindest nach viel Workout-Arbeit und Schwitzen! Das ist mir bewusst. Himmel, wer mag schon einen Traniningsplan? Doch der Trainingsplan dieser Alltagsengel-Challenge macht Spaß, er ist ganz anders geartet. Himmlisches Alltagsengel-Ehrenwort! Schauen wir uns das mal an: Eine Trainingsplanung soll eins sicherstellen: dass man ein definiertes Trainingsziel in einem bestimmten Zeitraum erreicht. Ob das nun der Halbmarathon im privaten Bereich ist oder die Fußballweltmeisterschaft im Profibereich. In beiden Bereichen braucht es ein regelmäßiges Training. Und das ist durch einen Trainingsplan verordnet. Weil das Ganze nicht irgendwie abläuft, sondern einem System folgt. Da stecken alle Maßnahmen drin, die auts große Trainingsziel einzahlen. Also etwa den Halbmarathon zu finishen, diesen vielleicht sogar unter zwei Stunden zu finishen. Oder bei der Fußballweltmeisterschaft den Titel zu verteidigen oder es bis ins Halbfinale zu schaffen. Oder eben, um sich als großer Challenger zum Alltagsengel zu mausern. Das ist eine echte Verheißung, wow! Daraufhin lohnt es sich, loszufliegen und immer weiter in der Umlaufbahn zu bleiben.

Big Picture | Mentale Motivation

Es geht bei der Alltagsengel-Challenge darum, dass wir uns zum Engel entwickeln. Es geht nicht um einen eimaligen und punktuellen Personal Best. Wir wollen anfangen und uns sukzessive steigern. Das ist das Sportprinzip. Dranbleiben. Intervall-training. Weitermachen. Wiederholungen steigern. Eine Schippe mehr Gewicht draufpacken. Aus-halten. Anmutig sein. Lächeln. Leistungsfähig sein, werden, bleiben. Aber nicht für den schnellen Er-folg. Sondern fürs Leben. Und das muss gar nicht schwer sein. Wir brauchen es einfach nur zu tun. Tun, tun und einfach immer wieder tun. Mit den Inspirationen aus diesem Buch geht das feder-leicht. Das funktioniert schon im Kleinen. Wir wer-den dann immer wieder himmlische Gesten ins Le-ben und in den Alltag anderer zaubern. Und damit auch in unseren eigenen. Das macht uns selbst im Herzen ganz reich, gibt uns ganz viel zurück. Doch wir machen es primär und der Sache nach für die anderen – so herum hängt das Bild richtig an der Wand. Wir wollen uns also als himmlische Athleten für unseren Flug vorbereiten. Für Kurz-, Mittel- und auch mal Langstreckenflüge. Klar versuchen wir uns erst im Kleinen. Frust kann niemand gebrau-chen. Wir katapultieren uns quasi in die Umlauf-bahn und versuchen, da immer drinzubleiben. Wir sind keine Finisher, die einmal den Zieleinlauf zelebrieren. Die sich dann eine Weile womöglich wieder oder für immer gehen lassen. Wir wollen vielmehr, dass unser Alltagsengeltum zum Selbst-läufer wird – und wir mit ihm. Dass wir unsere himmlischen Gesten irgendwann ganz automa-tisch verrichten, dass das also im Idealfall alles auf Autopilot läuft – aber stets mit Herz. Es ist uns dann einfach so in uns übergegangen, dass wir gar nicht anders können, als hier und da etwas mehr Licht und Glück in diese Welt zu streuen. Diese Welt fängt immer bei uns und im Alltag der uns umgebenden Mitmenschen an. Das ist das Big Picture. Mit diesem vor Augen beschäftigen wir uns nun mit unserem himmlischen Trainingsplan.

Himmlische Buchhaltung | Kreuz und quer

Nach den theoretischen Klimmzügen, dem Warm-up, dem Abgucken von anderen Engeln und auch dem Wissen über unsere persönlichen Gaben sind wir nun reif für unseren Trainingsplan. Auch alle vorigen Schritte, Geh- und Flugversuche waren wichtig, zahlen aufs große Ganze ein. Jetzt sind wir reif, um die eigentliche Challenge loszutreten. Um unsere Challenge-Tage festzuhalten, brauchen wir keinen extra Kalender. Unser Starttag ist jetzt. Wir müssen nicht eigens warten, bis es endlich Montag, Dienstag, Mittwoch, Donnerstag, Freitag, Samstag, Sonntag oder dann doch wieder erst Montag wird. Nein. Jetzt geht es los. Und ab „jetzt" zählt's. Das Jetzt ist unser erstes Kästchen, die Eins!

1	2	3	4	5	6	7

1	2	3	4	5	6	7
8	9	10	11	12	13	14

1	2	3	4	5	6	7
8	9	10	11	12	13	14
15	16	17	18	19	20	21

1	2	3	4	5	6	7
8	9	10	11	12	13	14
15	16	17	18	19	20	21
22	23	24	25	26	27	28

Wir können ein Blatt Papier nehmen. Oder noch schöner, eine Art Journal. Oder natürlich auch das himmlische und zu diesem Buch wunderschön passende Notizbuch für Alltagsengel. Darin skizzieren wir einfach obige Challenge-Kästchen. Fast ist das ein bisschen, wie ein Sudoku-Rätsel oder einen Lotto-Schein zu basteln. Nur sind es bei uns immer 7 Schritte, in Form von Alltagsengel-Sprints.

Vier verschiedene Challenges bringen uns zum Fliegen:

- 7 Tage
- 14 Tage
- 21 Tage
- 28 Tage

Wenn man schon mal 7 Tage geschafft und umrundet hat, ist das einfach super. Auf die Schultern klopfen. Flügel ausschütteln. Dann direkt weitermachen. Weitere 7 Tage dran setzen. Und nochmals 7 weitere Tage. Gefolgt von nochmals 7 weiteren Tagen. So hat man schon 28 Tage geschafft. Um nicht herauszubrechen, zählen auch ganz einfache und kleine Dinge, etwa ein Lächeln (einem Fremden gegenüber). Das hat man immer einstecken. So bleiben wir im Loop und damit in unserer Challenge.

Wie so oft im Sport lautet die nächste Maxime dann: Wiederholung!			
Also legen wir wieder los:			
7 Tage	+ 7 Tage	+ 7 Tage	+ 7 Tage
Und wieder eine: Wiederholung!			
7 Tage	+ 7 Tage	+ 7 Tage	+ 7 Tage
Wow, schon ganze 3 Monate geschafft! Jetzt haben wir den Bogen raus. Trotzdem kann es sinnvoll sein, immer noch unsere Kästchen fleißig zu skizzieren und nach getaner himmlischer Tat anzukreuzen.			

Mit System seine Runden drehen | Trainingsplanung

Eine Trainingsplanung sieht verschiedene Etappen und Ziele vor. Es gibt meist auch einen Konditions-test, ein Check-up, bevor es richtig losgeht. Damit sollen Stärken und Schwächen herausgefunden, der Ist-Zustand ausgelotet werden. Natürlich ist auch der Zielzustand wichtig festzuhalten, das Trainingsziel schlechthin, als Dreh- und Angel-punkt. Ein Trainingsplan ist ein dynamisches Tool. Er wird ständig angepasst. An Umstände, an die Kondition, an spezifische Konstellationen. Das sollte man bei der Trainingsplanerstellung berück-sichtigen. Schließlich ist es üblich und vorteilhaft, das Training zu kontrollieren und zu dokumen-tieren. So kann man anschließend, nach erreichtem Trainingsziel, diese Erkenntnisse in den nächsten Trainingsplan mit einfließen lassen. Hier jetzt als ganzer Zyklus:

- Ist-Zustand analysieren
- Trainingsziel definieren
- Trainingsplan erstellen
- Trainingskontrolle

Das mag jetzt alles schrecklich kompliziert klingen. Doch das ist einfach nur ein bisschen Theorie, die wir ganz hervorragend für unsere Challenge adaptieren können. So haben wir das Beste aus allen Welten und wissen, wie Engel trainieren. Wie genau, das gibt's in den nächsten Unterkapiteln auf die Flügel.

Himmlische Vorbereitung | Wie Engel trainieren

Hier kommen nun die ultimativen Trainingsplan-Bestandteile. Also der Content, damit Alltagsengel in spe überhaupt etwas zum Vermerken haben in ihrer himmlischen Buchhaltung. Wir erinnern uns an die Sache mit den Kreuzen.

Feeling, Flügelkraft, Fundus

Die folgenden Fragen haben es in sich. Die bringen uns auf richtig kreative Gedanken und Ideen. Damit klappt unsere Challenge total easy. Wir bekommen das entspannt in unserem eigenen Alltag gemeistert. Das ist wichtig, denn es soll ja gelingen und obendrein Spaß machen. Denn der Spaß-Faktor darf nicht zu kurz kommen. Sonst wären wir grimmige oder widerwillig umherfliegende Engel. Doch wir wollen das gern machen und andere dadurch glücklich wissen.

- Wie geht's mir, wie bin ich drauf: Gefühlsbarometer (auch: körperliche Konstitution)
  (siehe Engels-Energie-Check aus Kapitel 1 mit
  der Schale, kann ich abgeben: viel, wenig ...
  heute lieber große oder kleine Runden drehen)

- Was geht?
  Auf was habe ich Lust (Ideenliste)?

- Zeit- / Vorbereitungsfaktor: Habe ich etwas vorbereitet oder habe ich noch Zeit, etwas vorzubereiten (was sagt mein Kalender)?

- Habe ich (ergänzend / stattdessen) etwas im Fundus (Gaben-Schublade mit Schokolade, Karten, Pappbechern, Äpfeln ...)?

- Wo bin ich unterwegs, was ist heute mein Flugradius und Einzugsbereich? / Was liegt heute an / wo werde ich überall sein (Orte, auch Zwischenetappen, wo komme ich vorbei auf dem Weg von A nach B: Haltestelle, Parkplatz, Fußgängerzone ...)?

- Auf wen treffe ich heute (z. B. Kollegen, Kunden, Passanten, Busfahrer, Freunde, Sportkollegen -> People)?

- Bräuchte ich sonst noch irgendwelche Hilfsmittel, Infrastruktur oder Technik, um meine Mission erfüllen zu können?

Think twice

So wie man sich abends die Klamotten für den nächsten Morgen rauslegt, macht man sich als Alltagsengel einfach mal kurz Gedanken darüber, in welchem Gewand – sprich in welcher Form – man sich am nächsten Tag auf himmlische Tour begeben will. Es geht darum, dass man das gedanklich vorbereitet. Genau wie auch das Outfit für den Folgetag. Wenn man ohnehin schon am Planen ist, lässt sich das alles in einem praktischen Denkvorgang ausklügeln. Also beispielsweise so:

Normales Outfit:

Morgen habe ich diesen wichtigen Termin. Da ziehe ich mich schon etwas schicker an, die neue Jeans und die elegante Bluse. Falls es frisch wird, vielleicht noch den dunkelblauen Blazer drüber, dann wirkt das auch schön komplett. Und dazu die schicken Stiefeletten. Die sind zwar etwas höher, aber morgen gibt's nicht so viel zu laufen, da kann man den Tag gut darin durchstehen.

Engels-Outfit:

Wenn ich doch morgen bei jenem Termin sein werde, da ist doch in der Nähe dieses Altenheim, wo ich immer mal schon vorbeischauen wollte, weil doch dort diese liebe Bekannte aus der Kirchengemeinde jetzt wohnt. Wie mir die Leute

sagten, scheint sie ziemlich einsam zu sein. Ich
werde nach meinem Termin einfach bei ihr vorbeischauen. Und vorher schaue ich in einem Blumenladen vorbei und kaufe einen jahreszeitlich passenden kleinen Blumenstrauß. Bestimmt wird sie
sich freuen. Das passt ideal in meinen Tag. Denn
große Runden will ich nicht drehen, viel Herum-
rennen ist auch nicht drin, allein wegen der schicken
Garderobe.

So oder ähnlich oder vielleicht auch ganz anders
könnte der Gedanken-Loop für den Folgetag aus-
sehen.

Es geht immer darum:

- Was werde ich morgen machen?
- Wo werde ich sein?
- Was brauche ich?
- Was passt in meinen Tag?

Auf diese Weise bereiten wir uns vor, ganz easy,
ohne groß gedanklich Haken schlagen zu müssen.
Den neuen Tag bereiten wir ohnehin vor, gehen ihn
kurz durch, planen ihn vorher ganz grob, meistens
jedenfalls. Machen wir uns das zur lieben Ange-
wohnheit. Das ist kein großes Ding. Hilft uns aber
großartig weiter bei den zu verrichtenden Dingen.
Wir müssen auch nicht nachts noch irgendwelche

Dinge basteln. Das geht viel smarter. Wir können uns auch eine grobe Wochenplanung rastern. Und wenn wir mal ganz viel Freiraum und Muse haben, etwa am Wochenende, können wir unseren Fundus anlegen oder aufstocken, unsere Ideen- und Inspirationslisten pflegen und womöglich auch auf die Pirsch zum Sammeln oder daheim ans Bastel-werk gehen.

Kurzum: Es lohnt sich, wenn wir uns am besten abends oder morgens für den neuen Tag vorbereiten. Wenn wir mit einer Idee im Kopf und gegebenenfalls dem passenden Fundus-Teil aus dem Haus gehen. Wenn man mal alles zu Hause vergisst, außer den eige-nen Kopf natürlich, dann kann man immer noch ein Lächeln verschenken, wohlgemerkt an einen Fremden (sonst wäre es ja keine Challenge).

Nullbock-Faktor:
Clevere Tricks gegen Formtiefs

Durchhänger, Formtief, Muffellaune, ideenlos, schlapp? Die Zeiten werden kommen, in denen wir einfach keine Lust haben, als Engel durch die Landschaft zu schweben. Das ist normal. Wir ha-ben einfach anderes zu tun. Unser Alltag zwischen Arbeit und Freizeit ist meist schon Challenge und

Spagat genug. Das ist gar nicht so ohne und kann schon ganz schön kompliziert sein. Für viele und auch für mich gleicht es bereits oft einem wahren Kunstwerk, ein bisschen körperliche und spirituelle Fitness in den Alltag reinzuquetschen. Naja, das steht auf einem anderen Blatt, wie beschrieben in meinem Buch „Chill Work Pray | Einfach beten". Doch bedeutet das Alltagsengeltum auch einen Teil von unserem Gebet. Das ist die praktische Verlängerung ins Leben hinein. Deshalb muss die „Jetzt auch noch Gutes tun"-Denke sofort aus unserem Kopf raus. Erstens ist dies unser Auftrag von Jesus her. Zweitens verankern wir das total easy und mit Freude in unserem Alltag. Und drittens ist es ein wichtiger Teil unseres spirituellen Seins. Wir können uns als Alltagsengel immer weiter optimieren. Das ist die Challenge in der Challenge. Dazu können wir uns die folgenden Tricks zunutze machen.

Wegstrecken nutzen: von A nach B

Wir alle haben Wegstrecken, um von A nach B zu gelangen. Auf diesen Wegen „hin zu" oder „weg von" begegnen wir Menschen. Auf diesen Wegen befindet sich bestimmt dann und wann auch eine Bäckerei, ein Supermarkt, ein Blumenladen und dergleichen mehr. Hier könnten wir also aus dem Vollen schöpfen, um etwa jemandem heimlich einen Kaffee auszugeben, um im Supermarkt ein paar Pappbecher, Instant-Kaffee-Sticks & Co. mitzunehmen oder um im Blumenladen für jemanden eine einzelne Blüte oder auch einen ganzen Strauß zu erwerben. Wenn wir unterwegs jemanden beiläufig treffen, können wir ihn auch anlächeln, ihm die Tür aufhalten oder ihm einen besonders schönen Tag wünschen.

Pausenzeiten nutzen: heute mal nicht durchhängen

In unserer Pause könnten wir jemandem einen kurzen Besuch abstatten. Wir könnten ein Carepaket im Krankenhaus vorbeibringen. Oder unseren Gugelhupf unter die Leute bringen. Ruhe gefällig, keine Lust rauszugehn? Wie wäre es, wenn wir an solch einem Tag an einer für uns optimal passenden Ideen- und Inspirationsliste brainstormen und feilen? Oder wir zwinkern in der Arbeit einem Lieferanten zu, wünschen ihm einen schönen Tag. Oder bedanken uns in der Mensa oder Kantine für die extra große Portion Essen.

Wartezeiten nutzen

Wie wäre es, in der Kassenschlange einen lieben SMS- oder kurzen E-Mail-Gruß zu verschicken? Oder einen netten Kommentar in Richtung Vordermann zu äußern? „Sie leben ja gesund, so viel

Gemüse liegt hier auf dem Band ..." oder „Das schaut ja lecker aus, gibt es bei Ihnen heute Pasta?" oder „Wie sympathisch, Sie scheinen ja ein Mandarinen-Freund zu sein, das geht mir ganz genauso ...". Beim Warten können wir wahlweise auch unseren nächsten Tag rastern, überlegen, wann und wie wir himmlisch in Aktion treten könnten. Auch an der Haltestelle lässt sich etwas Nettes sagen: „Wir haben hier zusammen gewartet und wir kennen uns zwar gar nicht, aber ich wollte Ihnen trotzdem sagen: kommen Sie gut an Ihr Ziel, einen schönen Tag für Sie".

Ein Schnippchen schlagen ...

Wo bin ich ohnehin schon? Fahre ich noch beim Bäcker vorbei, weil ich heute ohnehin einen Proviant brauche, dann könnte ich für einen oder mehrere Kollegen eine Runde Brötchen ausgeben. Bin ich nicht so gesprächig drauf und will nicht groß Aufhebens um Brötchen und mir Gedanken über deren Verteilung oder gar Akzeptanz im Kollegenkreis machen, dann gebe ich doch heimlich einen Kaffee beim Bäcker aus, für meinen „Nächsten", im doppelten Sinne. Der wird sich wundern und freuen. Manchmal will man eben keine großen Worte, an sich überhaupt gar keine Worte verlieren. Das ist total in Ordnung. Hier dann einfach auf leise Taten oder Gesten wechseln. Oder auf leisen Sohlen unterwegs sein und geräuschlos durch Türen schlüpfen.

Passend machen

Um Nullrunden in unserer Challenge zu vermeiden und per se auszumerzen, können wir schlau vorbeugen. Die nachfolgenden Fragen sollen dabei helfen, solche Engels-Routinen zu entwickeln, die so viel Spaß machen und die so gut zu uns und in unseren Alltag passen, dass sie uns erst gar nicht wie eine große Anstrengung erscheinen.

- Was für ein Trainingsplan passt zu mir, brauche ich Ergänzungen?
- Was macht mir besonders viel Spaß?
- Was mache ich eh schon den ganzen Tag, einfach, weil ich's drauf habe?
- Was schreiben mir die anderen zu, gut zu können?
- Was sind meine Hobbys und warum?

Der Joker: Fall-back-Lösung

Das Allerbeste und oft womöglich Rettende ist, dass unsere Alltagsengel-Gesten und Challenge-Taten kleine Dinge sein können und dürfen. Man braucht nicht täglich einen Kaffee zu verschenken. Was irgendwann sonst auch ins Geld geht. Man muss sich auch nicht ständig ganz akribisch vorbereiten oder ganz außergewöhnliche Dinge planen. Natürlich würde hierdurch die Challenge für einen selbst und auch für andere spannender.

Doch manchmal gelingt das nicht ganz so aufregend. Das ist okay. An solchen Tagen brauchen
wir eine Fall-back-Lösung. Diese definiert jeder für
sich selbst. In der eigenen Ideen- und Inspirationsliste. Da könnte vielleicht draufstehen:

- jemandem die Türe aufhalten und
  etwas Nettes sagen
- einen Fremden anlächeln
- sich bei jemandem besonders freundlich
  bedanken
- ein ehrlich gemeintes Kompliment machen
- jemandem, von dem man lange nichts
  gehört hat, einen kurzen E-Mail-Gruß
  schreiben
- einen Smiley ans Schwarze Brett klemmen
  (im Wohnhaus, an der Uni, in der Arbeit)

Wenn wir diese Tipps und Tricks beherzigen, geht
uns kein Tag in unserer Challenge als „Missed out"
flöten. Wir können abends dann trotz beschei-
denem Tag ein Kreuz machen. Das ist beruhigend
zu wissen. So kann man ganz gut balancieren
und ausgleichen, was man eher an Tagen mit
starker Kondition macht, man weiß aber auch
zugleich, dass Tage mit schwacher Kondition in
der Challenge nicht verloren sind, sondern dass
wir trotzdem als Alltagsengel weiterfliegen können

und sollten. Vielleicht bringt das genau dann die Trendwende für uns und führt uns durch die Schlechtwetterfront durch hin zu neuen Schäfchenwolken.

Merke für schlechte und einfallslose Tage:

- Fundus checken
- Alltagsengel-Buch durchflippen
- Ideen- und Inspirationsliste durchschmökern

Ideen- und Inspirationsliste führen und ausbauen

In diesem Alltagsengel-Buch stecken viele Ideen, Inspirationen und Anregungen. Doch im Leben ist es meist so, dass man gewisse Vorlieben und Vorstellungen hat. Was dem einen Vergnügen, ist dem anderen Qual. Und umgekehrt. Deshalb empfiehlt es sich, ein kleines Notizbuch oder eine schöne Liste anzulegen, worin und worauf man bewährte sowie neue Ideen vermerkt. Da dürfen unbedingt auch Tipps und Tricks mit rein. Man kann beispielsweise bestehende Übungen abwandeln. Man kann einen Bereich mit Lieblings-Trainingsideen anlegen. Womöglich will man als angehender Alltagsengel auch vermerken, was besonders viel Spaß gemacht hat oder was etwas kniffliger war. Hier kann man ein Ranking betreiben und mit „A", „B"

und „C" kategorisieren, wie gut einem eine
Idee gefallen hat. Wie gut diese beim Empfänger
angekommen ist. Wie man sich selbst dabei
gefühlt hat – ist einem das leicht oder eher nicht
so leicht gefallen? Hier lässt es sich auch mit
Stickern, Tapes & Co. genial arbeiten. So entstehen
über die Zeit himmlisch-individuelle und wunderschöne Lieblingslisten. Wann immer wir uns die
zur Hand nehmen, tanken wir eine extra Portion
Motivation und geraten fast automatisch in
Flugstimmung. Welch himmlischer Fundus an
tollen Ideen!

Aufhänger – Und immer wieder: einklinken!

Aufhänger sind ganz schön praktisch. Sie halten
Kleidung am Bügel. Oder Bilder an der Wand. Aber
Aufhänger dienen uns auch dazu, um eine engels-
gleiche Geste einzuleiten. Mit Aufhängern können
wir uns mir nichts dir nichts bei jemandem einklin-
ken, ein Gespräch anleiern, sympathische kleine
Gesten in die Welt tragen. Als Aufhänger dient uns
das, was in der Luft liegt. Sei es Ostern, Schnee,
Regen, Urlaub, Frühling, Sommer, Herbst oder
Winter. Selbst wenn die Pollen in der Luft liegen
und ein Passant niesen muss, können wir ihm eine
extra Portion Gesundheit wünschen, womöglich
ein Taschentuch anbieten. Es gibt so viele naheliegende Aufhänger. Wieder andere sind origineller,

dafür müssen wir erst ein paar Zentimeter um die Ecke denken. Nachstehend gibt's ein paar Denkanstöße für richtig tolle Aufhänger.

Anlässe nutzen

Es gibt immer wieder Anlässe, aus denen wir etwas machen können. Ich denke da zum Beispiel an Fasching, Valentinstag, Muttertag, Vatertag. Aber auch an die kirchlichen Feste, die in unserem Kalender entlang des Kirchenjahres aufgereiht sind: Advent, Weihnachten, Fastenzeit, Ostern, Pfingsten, Erntedankfest ... bis sich der Kreis schließlich wieder schließt und es erneut weihnachtet. Natürlich stapft auch irgendwann der Nikolaus durch die Lande und verzieht sich wieder, damit sodann das Christkind einfliegen kann und später auch der Osterhase freie Bahn bekommt. Da lässt sich etwas draus machen. Alles, was gerade aktuell ist, kann uns als Aufhänger dienen. Diesen wiederum können wir aufgreifen und als Alltagsengel etwas mehr oder auch weniger Originelles daraus machen. Es soll kein Wettbewerb um die originellsten Gesten werden. Doch ein Wettbewerb ums Dranbleiben. Und Dranbleiben macht immer dann Spaß, wenn Abwechslung ins Spiel kommt, wenn wir Möglichkeiten haben, wenn wir aus dem Vollen schöpfen können. Denn bei Langeweile kippt man mal rasch nach hinten weg und fällt raus. Aber wir wollen ja drinbleiben – im Leben – in der Challenge. So können wir als Alltagsengel beispielsweise sagen: „Ah, diese Woche ist Nikolaustag. Besorge ich einige Mini-Schokoladennikoläuse und kleine Tannenzweige. Die stecke ich mir mit in meine Handtasche. Gedanklich plane ich für diesen Tag ein, eine größere Handtasche mitzunehmen. Im Schlepptau dann die Nikoläuse, mit denen ich das Haus verlasse. Das wird bestimmt ein Spaß, wenn ich die Nikoläuse nicht den Kindern gebe, die ohnehin viele erhalten werden, sondern mal den Erwachsenen. In jedem Erwachsenen steckt auch noch ein kleines Kind, das sich freut und das innerlich heimlich jubelt, wenn wir ihm einen Mini-Schokoladennikolaus überreichen." Das wäre ein anlassbezogener kreativer Gedankengang, zu dem ich meine Leser liebend gern verleiten mag. Ob wir den Schokoladenherrn nun mit oder ohne Tannenzweig und mit oder ohne dekorative Schleite verschenken, das ist herzlich egal, das können wir halten, wie wir wollen. Wie so oft an allen Ecken und Enden im Sport und in unserer Challenge gilt: Aufs Tun kommt es an! Die Geste macht den Alltagsengel. Weil wir durch eine Geste etwas Sichtbares in die Welt tragen, jemandem etwas Gutes tun. Blieben wir verzagt, weil wir unentschlossen sind, welchen Nikolaus wir verschenken oder wen wir ansprechen sollen oder ob wir das nun mit oder ohne Zweig veranstalten, ... wir würden die gute Tat niemals erreichen. Also mutig ran an den Anlass, man kann im näheren und weiteren und im fremden Umfeld so viel Gutes stiften und überraschende Gesten in die Welt tragen.

Jahreszeiten

Es liegt immer etwas in der Luft. Ob das der Frühling ist mit Hyazinthenduft, der Sommer mit dem Duft von frisch gemähtem Gras und Sonnencreme, der Herbst, der nach würzigem Laub riecht oder der Winter, in dem wir meinen, dass man Schnee riechen könnte – auf jeden Fall von weitem riechen kann man natürlich Glühwein und allerlei Leckereien von Bratbuden. Es liegt nicht nur immer etwas in der Luft. Mal ist es warm, dann wieder kalt. Und die Menschen haben immer etwas übers Wetter zu sagen. Ständig lassen wir uns über das Wetter aus. Zu kalt darf es nicht sein, aber auch nicht zu warm. Man wünscht sich erst die Sonne herbei, dann wieder weg. Den Regen bräuchte man so sehr, kaum ist er da, muss das Mistwetter wieder weg. Also das soll nicht schlechtgeredet werden, nein, es kann vielmehr als Aufhänger genutzt werden. Wenn uns sonst nichts einfallen sollte, könnten wir immer noch sagen: „Riecht gut hier, oder, so richtig nach [aktuelle Jahreszeit nennen]" – und dabei unser Gegenüber anzwinkern.

Wer will, wird eine Spur persönlicher: „Riechen Sie
das auch, wie die Linden duften, einfach herrlich,
oder?"/„Mögen Sie auch so gern diesen Duft von
frisch gemähtem Gras?". Man kann sich auch des
Klassikers bedienen, morgens an der Haltestelle
oder beim Morgenspaziergang oder bei der Gassi-
Geh-Runde: „Ganz schön frisch heute früh ... einen
frischen guten Morgen wünsche ich Ihnen". Schon
hat man eine gutgemeinte Geste in die Welt
gebracht, ist damit auf Betriebstemperatur im All-
tagsengel-Modus. Doppelt gut!

Tage zählen

Der Volksmund sagt: „Jeder Tag, an dem Du nicht
lächelst, ist ein verlorener Tag." Herr Volk und Frau
Mund haben recht. Klar. Denn wenn jemand lächelt,
geht ein Stück Sonne auf. Das ist außerdem an-
steckend. Also ergibt das einen richtig strahlenden
Sonnenaufgang. Wir als Alltagsengel dürfen ruhig
den Anfang machen. Menschen anlächeln, gerade
auch nicht so bekannte oder uns (noch) unbe-
kannte Menschen: beim Einkaufen, Unterwegssein,
Spazieren ... Nun zu den Tagen. Die stehen in der
Überschrift und die stecken im Volksmund oben.
Jeden Morgen bekommen wir einen neuen Tag
geschenkt. Nun haben wir das so eingeteilt, dass
aller guter Tagesdinge sieben sind. Weil wir
sieben Tage kennen. Montag ist für die meisten

ein nicht ganz so erfreulicher Tag. Da geht entweder ein Urlaub, bei den meisten jedoch zumindest ein freies Wochenende voraus und vorbei, die neue Arbeitswoche ruft. Der Dienstag ist immer noch ziemlich früh zu Beginn der Woche, es könnte noch viel vor einem liegen. Mit dem Mittwoch haben wir, wie er das schon im Namen trägt, sodann die Wochenmitte erreicht, eine Arbeitswoche von Montag bis Freitag zugrunde gelegt. Der Donnerstag stimmt die Leute schon deutlich verheißungsvoller. Abends wird da schon mal gefeiert und da steigen mitunter die angesagtesten Partys. Der Freitag sodann läutet für die meisten von uns das Wochenende ein, den einen Tag kann man in der Schule, an der Uni, in der Arbeit wohl irgendwie noch absitzen, herumkriegen ... oder man geht einfach früher heim. Der Freitag ist irgendwie lässig – oder wir machen ihn per „Casual Friday" einfach lässig. Der Samstag ist in der Regel ganz trubelig. Es wird geputzt, die Einkäufe fürs Wochenende laufen auf Hochtouren. Tja, und der Sonntag soll die Ruhe bringen. Den Sonntag sollen wir heiligen, weil er von Gott her ein Geschenk und eine Gabe für uns ist. Damit wir uns erholen und Kraft tanken. Ein Kirchgang, ein Besuch in der Gemeinde bietet sich an. Ausgiebige Sonntagsspaziergänge stehen auf dem Programm. Abhängen, sich mit Freunden verabreden, lesen, gutes Essen genießen.

Und was hat das jetzt alles mit uns zu tun, mit uns in der Rolle als Alltagsengel? Ziemlich viel! Weil wir ja um die Qualität der einzelnen Tage wissen und um die Stimmungen, in der sich die Menschen um uns herum befinden könnten. Wenn wir nicht gerade in einem tiefen Loch sitzen oder uns eine Laus frisch über die Leber gelaufen ist, dann können wir in aller Regel auf unser eigenes Gefühlsbarometer blicken. Wie geht es einem so an diesem Montag ... das können wir als Aufhänger verwenden: „Sind Sie auch noch so müde an diesem Montag in aller Herrgottsfrüh?" oder „Mensch, wie ging doch das Wochenende schnell vorbei ... ich denk gern dran zurück; und Sie, durften Sie ein schönes Wochenende verbringen?" oder „Wie motivieren Sie sich an diesem Montag?". Oder man wünscht einen guten Wochenanfang. Eine gute Sache. Am Dienstag könnte man so etwas von sich geben wie: „Eine weiterhin gute Woche wunsche ich Ihnen." Sodann am Mittwoch ist die Wochenmitte erreicht, sprechen wir das an und aus: „Halbzeit, heute ist ja schon wieder Mittwoch ... hatten Sie bislang einen guten Wochenverlauf?". Mit dem Donnerstag geht es in Richtung Ende der Woche, da sind die Menschen in aller Regel besser drauf. Nutzen wir das: „Sind Sie auch so gut drauf an diesem Donnerstag? Ich wünsche Ihnen einen traumhaften Donnerstag!". Nun ja, und der Freitag

macht es uns wirklich leicht, um einen guten End-
spurt in Richtung Wochenende zu wünschen, um
gute Wünsche fürs bevorstehende Wochenende
zu platzieren. Am Samstag kann man immer noch
ein schönes Wochenende wünschen und am Sonntag einen angenehmen, gesegneten Sonntag. Also
haben wir ständig was zu wünschen. Das ist unser
Alltagsengel-„Wünsch Dir was". Nutzen wir das als
Aufhänger. Neben dem Tag als solchen können wir
das auch noch kombinieren mit dem Wetter oder
der Tages- und Jahreszeit.

Besondere Zeiten

Es gibt auch sie – die besonderen Zeiten. Die
bedeuten für jede und jeden ein bisschen etwas
anderes. Doch jeder bekommt sicherlich ein Bild
vor Augen, wenn von solchen Zeiten gesprochen
wird. Das ist keine gewöhnliche Zeit. Eine gewöhnliche Zeit wäre einfach ein Tag, der kommt und
geht und an den man sich nicht sonderlich erinnert. Schade eigentlich. Doch wer von uns, mich
eingeschlossen, erinnert sich schon beispielsweise
daran, was er am zwölften November des ver-
gangenen Jahres gemacht hat – es sei denn, dass
dies ein besonderer Tag für jemanden gewesen ist.
Das kann ein freudiger oder trauriger Tag gewesen
sein. Ein besonderer Tag. Als Alltagsengel können
wir diese besonderen Zeiten im Leben unserer Mit-

menschen nutzen, um uns mit einem Wunsch oder einer kleinen Geste einzuklinken.

Nachstehend folgen einige Impulse.

- Jemandem einen schönen Urlaub wünschen
- Glückwünsche zum Geburtstag überbringen
- Verlobungs- und Hochzeitswünsche ausdenken
- Lebensanlässe (Einschulung, Ausbildung / Studium abgeschlossen, Berufseinstieg, Familiengründung, Geburt eines Kindes, Hausbau, verschiedene Meilensteine, Pensionierung)
- Gefühlskino („Hey, ich freu mich für Dich" oder „Hier ein kleiner Trost …")
- Gute Läufe im Leben bei anderen bemerken „Hey, bei Dir läuft es ja, ich freue mich für Dich"
- Glaubensanlässe: Taufe, Kommunion, Firmung, Konfirmation – besondere Bibelzitate heraussuchen und in eine passende Karte schreiben
- Umzug, neue Umgebung: jemandem Heimat wünschen; jemandem einen erfolgreichen beruflichen Auslandsaufenthalt wünschen „Einen guten Flug und bringen Sie Ihr Projekt zum Fliegen …"

Wir kennen das, es gibt gute und schlechte Zeiten. So gibt es auch besondere Zeiten, die eher traurig gelagert sind. Etwa wenn ein lieber Mensch gestorben ist, wenn Krankheit auftritt, eine Operation ansteht. Diese Zeiten brennen sich in uns ein, ohne dass sie im Kalender besonders gekennzeichnet wären. Da müssen wir nicht erst schauen, was am zwölften November letzten Jahres gewesen ist, nein, wir wissen es. Das ist uns in Mark und Bein übergegangen, betrifft, beschäftigt und begleitet uns womöglich noch bis ins Hier und Heute. Für solche Menschen ist Trost und Beistand wichtig. Kein Mitleid. Sondern wahrnehmen. Einfach da sein. Zuhören. Hier könnten wir einen Kuchen mitnehmen, ein paar bunte Blümchen, eine Art Carepaket mit individueller Zusammenstellung. So werden wir zum besonders wertvollen Engel für traurige Menschen.

Spontan-Faktor

Bei allem im Leben spielt immer auch ein gewisser spontaner Faktor mit hinein. Es ist gut, wenn wir beweglich bleiben. Das verschafft uns Spielraum und alternative Handlungsmöglichkeiten. Als Alltagsengel kann das insofern relevant sein, als dass wir uns fragen könnten: Für was will ich immer gewappnet sein? Was muss ich immer dabeihaben? Falls nämlich dann die Dinge anders kommen als geplant, und das werden sie sicher das ein oder andere Mal, dann können wir spontan bleiben und eben diese Sache oder Idee aus der Tüte zaubern. Vielleicht haben wir uns vorgenommen, einem sehbehinderten Menschen etwas vorzulesen. Wir sind schon auf dem Weg, als uns der Anruf erreicht, dass die Person uns heute doch nicht empfangen kann. Anstatt enttäuscht zu sein, ziehen wir jetzt eben ein anderes Challenge-Register. Dann können wir stattdessen in diesem ohnehin reservierten Zeit-raum eine Runde Karten ausgeben – weil wir die eben immer in der Tasche haben. Einen Stift so-wieso. Dann nichts wie ab ins nächste Café und ruckzuck ein paar Karten an Menschen schreiben, die schon länger nichts mehr von uns gehört haben. Briefpost kommt an. Man hält etwas in der Hand. Man sieht die Schrift vom anderen. Der andere hat das extra für einen geschrieben, wow, das ist gerade in diesen heutigen technisch gearteten Zeiten etwas sehr Besonderes. Oder wir haben separat verpackte einzelne Mini-Pralinen dabei, die wir dem ein oder anderen Passanten schenken. „Einfach so, Sie schau-ten gerade so traurig, ich will Ihnen ein kleines Lächeln schenken" oder „Um Ihnen Ihre Mittags-pause zu versüßen" oder „Um Ihnen diesen tristen Morgen etwas zu versüßen". Einfach mal eine Runde überlegen, was man in petto haben könnte ... in der Hand-/Aktentasche und auch in Gedanken. Wenn wir so gerüstet zur Tür rausgehen, können wir als Alltagsengel ganz bestimmt punkten. Vielleicht reicht es für einen ja schon aus, wenn er oder sie ohne etwas rausgeht, nur sich selbst im Schlepptau hat. Pralinen schauen bei zu großer Kälte innen schnell stumpf aus und bei Sonne zerlaufen sie. Mit den Karten mag das eine Ansichtssache sein. Wenn man sich somit selbst genügt, dann ist das genauso okay, denn: Unser schönstes Lächeln können wir stets herausholen und immer und überall verschenken.

Um diesen Spontan-Faktor nutzen zu können, hilft eine Frage weiter:

- „Was könnte ich stattdessen machen?"
- „Was ist mein Plan B?"
- „Was kommt immer gut an?"
- „Was ist (sonst noch) da?"

Damit sollten wir als Engel des Alltags gut gerüstet sein, um kleineren oder größeren Planänderungen zu begegnen. Sollte uns eine Geschenk-Praline in der Hand oder Tasche geschmolzen sein – auf der Suche nach einem Empfänger oder nach den passenden Worten für die Übergabe – können wir immer noch eine Blume vom Wegesrand pflücken und diese stattdessen überreichen.

Am Ball bleiben, achtsam bleiben, um sich
schauen:

„Was fällt mir in dem jeweiligen Moment alternativ
in die Hände?"

Und wenn wir spontan noch gute Gaben übrigha-
ben sollten und uns schon auf dem Nachhauseweg
befinden, können wir diese an Passanten, den netten Busfahrer oder auch die Nachbarn verschenken. Das soll nicht wie ein Überbleibsel ankommen.
Nein, wir moderieren das vielmehr ganz wunderbar an. „Sie, ich habe hier so eine wunderbare Praline, und weil Sie immer so nett sind, bekommen
Sie die jetzt von mir."

Um das jetzt abzurunden: Im Training muss man
Varianten probieren. Darf sich nicht entmutigen
lassen. Kommt der Ball von links statt von rechts,
muss man reagieren. Weitermachen. Das ist wie
beim Sport. Und wir befinden uns ja in einer sport-
lichen Challenge. Eine gute Planung und Vorbereitung sind da alles. Doch manchmal gelingen auch
spontane Unterfangen. Auf diese sind wir somit
vorbereitet.

Himmlischer Kassensturz | Reflexion | Belohnung

Wenn wir Flugrunde um Flugrunde drehen, hängen vielleicht auch ab und an die Flügel durch. Da ist es ganz wichtig, dass wir auf unsere Kräfte achten, uns diese gut einteilen. Ich erinnere an die Schale und den Engels-Energie-Check aus unserem ersten Kapitel. So sollten wir natürlich auch uns selbst etwas Gutes tun, uns kleine Wohlfühloasen schaffen. Wenn wir unsere himmlischen Akkus checken, nehmen wir unsere komplette Vision kurz ins Visier, machen eine kleine Bilanz. Diese dient uns zur Reflexion:

- Wie läuft die aktuelle Challenge-Woche für mich?

- Welche Übungen habe ich schon alle ausprobiert?

- Wie hat der Empfänger reagiert, was kam wie an?

- Wie ging es mir damit?

- Was fällt leicht, welche Aktivitäten erlebe
ich kräfteraubender als andere?

Um weiterhin motiviert ans Werk zu gehen, können uns die folgenden Ideen beflügeln. Hier kommt also ein Motivations-Booster:

- Alle Engelstaten festhalten in einem schönen Notiz- oder Tagebuch
- Ins Notizbuch kann man anstatt ein Kreuz zu machen auch himmlische Sternchen einkleben
- Motivator: Engelsarmband
- Erkennungszeichen unter Challengern: Engelsarmband

Um uns alle paar Flügelschlag auch etwas Gutes zu tun, können wir uns ein kleines Portfolio zu Belohnungszwecken aufbauen:

- Kleine schöne Box vorbereiten und beispielsweise Pralinen, Badepulver-Einzel-packungen, verschiedene Teebeutel, Mini-Nagellack und andere kleine Schätze hinein-legen, damit wir uns etwas gönnen können
- Wir können auch ein Bonussystem für uns selbst einführen (das ist wohl kalorienschonender): nach 5 Engelstaten > 1 Praline naschen nach 10 Engelstaten > einmal ins Kino gehen nach 20 Engelstaten > sich eine Massage gönnen, um die Engelsmuskeln zu regenerieren

Wie lade ich meine Batterien wieder auf, wie belohne ich mich:

Aufladen und sich an den bereits begangenen himmlischen Taten erfreuen lautet die Devise! Hierbei kann man bestimmt schon entspannt und vergnügt die nächsten Engelspläne schmieden. So kommen wir in Balance und können immer wieder zur Alltagsengel-Höchstform auflaufen. Also flugs die Flügel hochgekrempelt und Glücksgewichte stemmen. Immer wieder sich selbst etwas Gutes tun, um die irdische Unlust und den Frust runterzufahren und um die himmlischen Dienste sowie das Glück hochzufahren. Unser erklärtes Trainingsziel: Alltagsengel zu werden und fortan zu bleiben. Unsere Engels-Muckis aufzubauen und zu stählern, unsere Flügel zu stärken und dann einfach permanent im Flugmodus zu sein – schweben – himmlisch – herrlich!

Ein Nachklang

Kapitel 7

Happy End forever

Statt eines Cool-downs wie im herkömmlichen
Sport gibt es an dieser Stelle einen Nachklang auf
die Ohren. Um die Bedeutung unseres himmlischen Einsatzes zu betonen. Denn die Disziplin
des Alltagsengeltums ist eine ganz besondere
Wettkampfart. Weil wir es mit einer Königsdis-
ziplin zu tun haben. Von Jesus selbst ist es uns ins
Herz gelegt, Gutes zu tun. Bisweilen mag das
noch anstrengend sein, als Engel immer wieder
aufs Neue auszuschwärmen. Am Anfang zumindest, bis wir eine Grundkondition erworben haben.
Im weiteren Flugverlauf können wir uns bis hin zur
Meisterschaft fiedern und mausern. Meisterschaft
bedeutet für uns, dass wir dranbleiben. Wir dürfen
anderen Gutes tun. Von Herz zu Herz. Immer
wieder. Falls wir mal vergessen, eine geplante Lan-
dung hinzulegen, ist das halb so wild. Die Devise
heißt: Einfach munter weiterflattern. Wir können
auf Schritt und Tritt und von Flügelschlag zu
Flügelschlag als Engel im Alltag wirken. Wir können einfach immer und immer wieder Gutes anstiften. Und müssen dabei gar nicht selbst stiften
gehen. Nein, wir haben uns auf unsere Challenge
vorbereitet. Und wenn wir diese durchlaufen haben, beginnen wir wieder von vorn. Das machen
wir einfach so oft, bis wir weder Tage noch Taten

noch Wiederholungssätze mehr zählen. Dann sind uns die guten Taten und Gesten und Gugelhupfe und Worte und himmlischen Wundertüten so in Fleisch und Blut übergegangen und ins ganze Gefieder eingesickert, dass wir sie ganz natürlich fortführen. Das wünsche ich uns allen – zur Ehre unseres Herrn Jesus, damit wir wissen, weshalb und für wen wir das wichtigerweise tun, an wen wir das somit zurückgeben, und wer es so gut mit uns meint. Amen.

Wir dürfen anderen Gutes tun.

Eine Geschichte, die Segen und Schmunzeln und sportlichen Ehrgeiz versprüht

An dieser Stelle erzähle ich noch die segensreiche Geschichte vom Himmelsladen. Diese gebe ich hier im Buch mit meinen eigenen Worten wieder und übertrage sie in eine selbst gewählte moderne Machart.

Es gab einmal jemanden auf dieser Erde. Der befand sich auf der Durchreise in die himmlische Ewigkeit. Er tapste etwas unbeholfen über die Erde, suchte nach Orientierung. Auch schienen ihm einige Dinge für seine Lebensführung ausgegangen zu sein, weil er kurz darauf ordentlich einkaufen ging. Zum Glück hatte er dieses neonleuchtende Hinweisschild so unvermittelt entdeckt: „Zum Himmelsladen hier entlang". Vielleicht würde er dort nach dem Weg fragen können. Schließlich wollte er nicht weiter orientierungslos auf dieser Erde umherpilgern. Gesagt, getan. Ehe er sich versah, stand er schon mitten im kleinen behaglichen Laden. Dort drin gab es überall Engel. Einer von ihnen gab ihm einen kleinen geflochtenen Korb und instruierte ihn: „Das, was Du brauchst, darfst Du Dir nehmen. Hör in Dich hinein, was Du Dir wirklich wünschst. Wir haben alles auf Lager.

Wenn Du was vergessen solltest oder Du nicht alles tragen kannst, komm einfach morgen wieder." Ihm gingen Augen und Ohren über. Sein Blick erhaschte zwei Kostbarkeiten: LIEBE und GEDULD. Beide unmittelbar auf Augenhöhe. Er nahm sich reichlich davon. Etwas versteckter entdeckte er dort im Regal dann auch noch VERSTÄNDNIS. Davon hatte er nicht mehr ganz so viel, und davon kann man schließlich immer eine gute Portion brauchen. Rein damit in den Korb. Er war völlig aus dem Häuschen. Es gab so vieles, was er brauchen konnte. Dieser Laden hatte es in sich. Als nächstes lud er sich zwei XL-Packungen WEISHEIT in seinen Korb. Dazu gesellten sich dann auch noch zwei Beutelchen GLAUBEN. Klar hat er auch noch drangedacht, sich aus dem Fass hinten in der Ecke, fürs bloße Auge nicht sofort sichtbar, etwas HEILIGEN GEIST auszugießen – in die kleine Öllampe, die er einstecken hatte und die auf seiner Reise leergeworden war. Erst anschließend bemerkte er, was er zuvor gar nicht wahrgenommen hatte: dass sich der HEILIGE GEIST überall im Raum befand. Also nun geriet er so richtig in Einkaufslaune. Das Körbchen war zwar schon gut gefüllt, doch ein bisschen was passte wohl noch rein. Was nur sollte es sein – was wollte er noch mitnehmen? Ah, dann wusste er es auf einmal: MUT und KRAFT mussten unbedingt noch mit, die könnten

sich auf der weiteren Durchreise, vorbei an verschiedenen Lebensstationen, als äußerst nützlich
erweisen. Der Korb war nun wirklich bereits über-
voll, doch dann bekam er so eine Sehnsucht nach
GNADE sowie auch nach SEGEN. Also, rein damit,
in den Korb. Und auch das eigens empfohlene
SEELENHEIL, das gab es als Bundle im Dreierset,
zusammen mit der GNADE und dem SEGEN, wirklich unschlagbar! Auf dem Weg zur Kasse musste
er schon gut balancieren, damit ihm nichts aus
dem Korb fiel. Im Kassenbereich, wie so oft, gab
es auch dort im Laden allerlei spannende Ausla-
gen zu bewundern: FREUDE, FRIEDEN und GLÜCK.
Einfach unglaublich. Also dann jetzt aber flugs
zur Kasse. Ihm war es fast ein wenig bang, hatte
er doch nun einen ganz schön großen Einkauf
beisammen. Er nahm all seinen Mut zusammen
und fragte den Engel an der Kasse: „Wie viel macht
das denn alles, dürfte ich wohl auch mit Karte
bezahlen?" Der Engel antwortete ihm sodann:
„Freu Dich, denn das sind alles Gnadengaben von
Gott. Das sind Geschenke für Dich. Diese kosten
Dich nichts, keinen Cent. Also steck Deine Kredit-
karte wieder ein. Für die haben wir hier keinen
Gebrauch. Deinen Korb mit all den Kostbarkeiten
aber nimm mit, trage ihn immer bei Dir und gib
anderen auch großzügig davon ab."

Quelle unbekannt, überliefert

Als irdisch Reisende dürfen wir auf dieser Erde Gutes stiften. Beispielsweise als Alltagsengel. Gott hilft uns dabei, indem er unseren Durst mit dem Heiligen Geist stillt und uns mit seinen Gnadengeschenken stärkt. So lässt es sich auf der Erde gut aushalten und wir sind in Gottes Sinne unterwegs in Richtung der himmlischen Ewigkeit.

Die
Autorin

Diana Schmid arbeitet als freie Journalistin und Autorin im Bereich von Glauben, Kirche und christlicher Lebenskunst. Sie ist ebenso als selbstständige Texterin und freie Lektorin tätig. Ihre Leidenschaft gehört Buchstaben, dem Glauben und Menschen – am liebsten in Kombination und kreativ. So begeistert sie sich für alltagskompatible Ausdrucksformen von Glauben. Solchen, die ins moderne Leben passen und die man auch mittels himmlischer Alltagsengel-Abenteuer ganz lebenspraktisch umsetzen kann.

Sie liebt es, wenn sie ihre Leser inspirieren und ihnen zeigen kann, wie spannend man den christlichen Glauben für sich und auch zusammen mit anderen umsetzen kann.

Mehr von Diana Schmid finden Sie unter: schmid-text.de

Himmlische Unterstützer

Ergänzend zur Challenge gibt es ein tolles Notizbuch, ein traumhaftes Armband und eine himmlische Mini-Flaschenpost.

Das Notizbuch für Alltagsengel

Sein eigenes Challenge-Journal gestalten!
In diesem Notizbuch lassen sich alle persönlichen Alltagsengel-Challenges wunderbar festhalten. Auf einem Einlegeblatt gibt Diana Schmid Orientierung, die hilft, um seinen Trainingsfortschritt und seine Ideen zu Papier zu bringen.

Format ca. 14,8 x 21 cm, kartoniert
Ca. 192 blanko Seiten;
Einlegeblatt mit Inspirationen
ISBN 978-3-96157-169-7

Challenge accepted

Das Glücksarmband „Engelsflügel" symbolisiert nicht nur, dass man bei der großen Challenge dabei ist, sondern erinnert einen auch daran, dass uns Jesus einen schützenden Engel schickt. Es lässt sich als kleines Symbol des Glücks auch verschenken und steckt andere mit der Idee an, zum Engel des Alltags zu werden!

Feinvergoldetes Engelsfeder-Symbol
in Roségold
EAN 4060504000605

Ich denk an Dich!

Mit dieser hübschen Mini-Flaschenpost einfach einen ermutigenden Gruß, einen Segensvers oder eine Glücksbotschaft aufschreiben und an einen lieben Menschen verschenken. Eignet sich für Mini-Liebesbriefe, für Geburtstagsgrüße, für Glückwünsche, als Geschenkanhänger oder für selbst beschriftete Gutscheine.

Mini-Flaschenpost mit Feder und
beschreibbarer Notizrolle
EAN 4050604000483

www.bibelwerk.shop